Martina Pauzenberger

Tante Emma
kocht nachhaltig

ISBN 978-3-99025-307-6
© 2017 Freya Verlag GmbH
Alle Rechte vorbehalten

Layout: freya_art, Regina Raml-Moldovan
Lektorat: Dorothea Forster
Fotos: Martina Pauzenberger, weitere Seite 128

printed in EU

Anmerkung: Alle in diesem Text enthaltenen Anregungen, Beschreibungen, Tipps und Rezepte wurden mit großer Sorgfalt zusammengestellt und getestet. Dennoch kann aufgrund unterschiedlicher Rohstoffe, Ausgangsbedingungen und individueller Fähigkeiten nicht garantiert werden, dass die Informationen auf Ihre Situation zutreffen. Daher kann keinerlei Haftung für etwaige Verletzungen, Verluste oder andere Schäden übernommen werden, die aus der Verwendung der in diesem Text angebotenen Informationen resultieren.

Martina Pauzenberger

Essen. Lieben. Sinnen.

Tante Emma
kocht nachhaltig

freya

Rezepte

Frühstück

Mit Tipps von Emma

Aufstriche und Pesto

Suppen

Hauptspeisen

Pizza

Dips

Dressings

Salate

Süßes

Marmeladen

Vorwort von Dr. Christian Neuburger

Arzt und Homöopath aus St. Florian bei Linz, Praxis mit Homöopathie und Tiefenatmung, eigene Erzeugung hochwertiger Naturpflanzenextrakte und Naturkosmetik, www.dr-neuburger.at

Ich arbeite jetzt schon einige Jahre mit Martina und Michael sehr erfolgreich zusammen, vereint in dem gemeinsamen Ziel, den ganzheitlichen Gesundheitsgedanken zu verbreiten und weiterzugeben.

Das Heilmittel Nummer 1 ist unser Essen, unsere Nahrung – alles was wir täglich zu uns nehmen!

Ich schätze das Team von Martina und Michael, die neben der herausfordernden Aufgabe, eine Familie mit Kindern zu managen, auch ein tolles regionales Zentrum in Neumarkt im Hausruckkreis für hochwertige biologische Nahrungsmittel und Produkte aufgebaut haben. Die kompetente und aufwendige Beratung über das Angebot wird, wo es notwendig ist, auch noch durch Tests von Martina unterstützt und dadurch noch mehr individualisiert.

Beide haben ein tiefgründiges Wissen, ihren Arbeitsbereich betreffend. Bei Martina Energiearbeit und Produktsortiment, bei Michael ist alles über Kaffee zu erfahren.

Das vorliegende Kochbuch von Martina ist jetzt ein weiterer Höhepunkt in ihrem erfolgreichen Schaffen. Es freut mich sehr, dass ihr fundiertes Wissen über Gesundheit und Ernährung in dieses Buch eingeflossen ist. In einfacher und bildlicher Weise vermittelt sie Rezepte und Zubereitungsarten, die vor allem gesund und nachhaltig und im Alltag praktisch nutzbar sind.

Einen herzlichen Dank an Martina, dass sie uns mit diesem Buch hilft, auch das Kochen und Essen ganzheitlich zu sehen und zu praktizieren.

St. Florian, im Februar 2017

Vorwort der Autorin

Es gibt unzählige Ernährungsformen, -trends, -empfehlungen etc. im heutigen Gesundheits-Dschungel. Doch was ist der Kern aller derartiger Empfehlungen? Gesundheit erhalten, Wohlbefinden schaffen, glücklich sein und mit Liebe seine Tätigkeiten verrichten. Das sollte mit ganz *einfacher*, vorwiegend saisonaler und regionaler (Bio-)Kost doch auch möglich sein!

Ich glaube, dass wir das Wertvolle rund um uns, wenn wir es verdientermaßen schätzen und in unser Leben einbeziehen, für unsere Gesundheit und das Wohlergehen unserer Umwelt am meisten bewirken können.

Essen ist für mich etwas sehr Wichtiges! Es gibt den Ausspruch *Essen schenkt Nähe, Geborgenheit und ein Zuhause!*, den ich für mich voll und ganz stimmig finde.

Wenn wir das, was wir tun, voller Achtsamkeit, Bewusstheit und Liebe tun, dann wird dies das größte Geschenk an uns selbst.

Martina Pauzenberger

Wie es begann ...

Der Ursprung

Der Quell des Lebens sprudelt in uns.
Erquickt uns und lässt uns wachsen.
Wir wachsen an uns selbst.
Wachsen aneinander.
Gedeihen. Sprießen. Fließen.
Veränderung ist unser Leben.
Der Quell des Lebens treibt uns voran.

Martina Pauzenberger

Wie wir wissen, besteht der Mensch aus circa 80 Prozent Wasser. Wie wir mittlerweile auch wissen, können wir mittels unserer Gedanken Dinge beeinflussen. Wir senden Wellen aus, die etwas bewirken. Je nachdem ob wir positiv oder negativ gestimmt sind, beeinflussen wir das Resultat. Dies gilt in allen Bereichen unseres Daseins. Wichtig ist, dass wir uns immer mehr und mehr dieser Macht bewusst werden. Jeder von uns besitzt diese Macht – und sie bringt etwas sehr Wichtiges und Wertvolles mit sich, nämlich Verantwortung.

Nur wenn wir uns dessen bewusst sind, dass wir etwas allein durch unsere Einstellung beeinflussen, ja sogar aktiv verändern können, nur dann können wir verstehen, dass jeder und jede Einzelne von uns am Weltgebäude mitwirkt. Mit jedem Gedanken, jedem Wort, jeder Handlung und in Summe mit jeder unserer Gewohnheiten prägen wir diese Welt.

Deshalb ist es sinnvoll, sich des Öfteren zu fragen: „Was bewirke ich im Moment auf dieser Welt? Was kaufe/trage/esse/denke ich? Wo wird mein LE-BENS-mittel/meine Kleidung etc. hergestellt und auf welche Art und Weise beeinflusst dies mich und andere Menschen? Brauche ich das wirklich? WILL ich das denn wirklich? Wer hat mir gesagt, dass ich das brauche oder will?"

Fast jeder von uns – zumindest in unserer westlichen Welt – hat täglich zahlreiche Male Entscheidungen zu treffen – und dadurch Macht und Verantwortung inne. Ich persönlich stelle mir sehr oft die Frage, ob mein Verhalten für die Welt nützlich oder schädlich ist. Kann mich und meine Lebensweise die Welt noch ertragen, erhalten, aushalten? Woher bekomme ich meine Lebensmittel? Gehe ich wirklich zum Diskonter? Fahre ich zum Billiger-Shoppen 30 km in die nächste Stadt? Brauche ich 200 verschiedene Joghurtsorten? Fliege ich wirklich zwei Mal, drei Mal, vier Mal im Jahr auf Urlaub?

Ich beantworte mir diese Fragen regelmäßig und habe meine Entscheidungen getroffen. Bewusst und aus Prinzip mache ich manche Dinge einfach nicht. Mit der Intention, dass ich damit etwas bewirke, wähle ich meine Produkte bewusst aus. Dadurch setze ich meine Macht als Mensch zum Guten auf dieser Erde ein. Das soll nicht heißen, dass ich auf alles verzichten muss, sondern es soll dazu anregen, dass ich meine Handlungen bewusst setze. Also achtsam bin.

Kommen wir noch einmal zurück zum Anfang. Unsere Gedanken haben Macht. Und wir können mit ihnen sogar das Wasser in seiner Schwingung beeinflussen.

Ebenso beeinflussen wir unseren Körper mit dem, was wir ihm zuführen. Wir lassen *Etwas* in uns hinein, mitten in unseren Kern. Wir lassen zu, dass es uns beeinflusst. Es kann uns nähren und sättigen oder aufblähen und schwermachen – sowohl geistig als auch körperlich.

Deshalb finde ich, wir sollten nicht nur darauf achten, was wir essen und wie es *produziert* wurde, sondern auch wie wir damit umgehen. Seien wir verantwortungsvoll. Seien wir achtsam. Im Umgang mit unserem Körper, mit unseren Nahrungsmitteln, unseren Einstellungen und Gedanken, im Umgang mit unserer Welt.

Wir haben es in unserer Hand.

Vom Essen, Lieben und Sinnen

Erinnerungen.

Kleine Stücke abbrechen.
Das Leben lehrt uns Innenschau.
Die Erfahrungen Stück für Stück zerkleinern,
herunterbrechen und nochmals anschauen.
Schauen, was war, was ist, was wird sein.
Schauen, wer war ich, wer bin ich? Wer werde ich sein?
Ich lass es kommen.

Martina Pauzenberger

Essen und alles, was damit zu tun hat, ist für mich schon immer eine sehr fesselnde Thematik gewesen. Ganz gleich, ob es sich um den puren Genuss in schöner Atmosphäre handelt, um die Zubereitung einer Speise oder um Hintergründe wie Inhaltsstoffe und ihre Wirkungen, all dies hat mich schon immer fasziniert.

Da wir grundsätzlich die Nahrung brauchen, um Energie (und ich spreche hier nicht von Kalorien, sondern von Lebensenergie) für unser tägliches Dasein bereitgestellt zu bekommen, ist es meiner Meinung nach auch entscheidend, was und wie ich mein **Essen** zubereite.

Hast du schon einmal auf den Unterschied bei deiner Verdauung geachtet, wenn du etwas voller Hingabe zubereitet hast oder wenn du mit deinem Partner/deinen Kindern beim Kochen streitest?

All dies wirkt sich auf uns aus. Deshalb ist die Liebe so wichtig. Zumindest für mich. Die **Liebe** ist eine Energie – sofern wir sie zulassen können – die uns durch das Leben trägt. Aus der **Liebe** kommen wir und schlussendlich gehen wir wieder zu ihr zurück. Wir können die **Liebe** überall hinfließen lassen. Das gewisse Etwas in meinen Speisen ist vielleicht die Prise **Liebe**, die ich jeder beifüge. Ich stelle mir dabei vor, wie zwischen meinen Fingern die **Liebe** auf die Speise rieselt und wie das Essen anschließend glänzt und in hellem Licht erstrahlt. Dass ich mein Essen mit dieser besonderen Zutat würzen kann, hängt vielleicht damit zusammen, dass ich gerne koche und es liebe, mir und meiner Familie etwas Gutes zu tun.

Du musst dafür kein Meisterkoch sein. Es ist einfach wichtig, mit deinem Inneren im Moment präsent zu sein. Es ist zielführend, ganz da zu sein, bei dem, was du tust, und dir dessen bewusst zu sein, dass du etwas Wertvolles machst. Für mich geht es immer mehr um das Prüfen, das In-uns-Hinein-horchen. Ist das Essen, die Beziehung, der Job gut verträglich für mich oder brauche ich eine Ernährungs- oder gar Lebensumstellung?

Ist es das Essen, warum mich der Bauch zwickt, oder hege ich Groll und Wut in mir wegen verschiedenster Dinge? Das Sinnen soll den bewussten und achtsamen Umgang mit unserem Körper symbolisieren.

Je mehr wir unser Leben bewusst wahrnehmen, desto intensiver können wir es auch genießen und desto tiefer können wir in unser Dasein eintauchen.

Je mehr wir mit den Augen hören, mit dem Mund sehen und mit den Ohren schmecken, desto mehr erfahren wir, was Leben wirklich heißt. Wir gelangen vom Müssen zum Wollen und lenken unseren individuellen Lebenspfad in die gewünschte Richtung durch bewusst gesetzte Entscheidungen. Wir versuchen durch genaues Hinhören wir selbst zu sein oder zu werden und aufgesetzte Masken oder gut eingespielte Rollen abzulegen.

Das Sinnen soll auch die Innenschau, Meditation und das Bewusstsein widerspiegeln, denen wir mehr Bedeutung zumessen sollen. Lasst uns auf die Details achten, auf die kleinen Dinge im Leben. Lasst uns mit allen Sinnen spüren und achtsam sein.

Es gibt hinter allem einen höheren Sinn, einen größeren Zusammenhang. Auch wenn wir ihn vielleicht mit unserem Verstand nicht erfassen können. Seitdem ich mit diesem Urvertrauen in den Tag gehe, dass ich stets zur rechten Zeit am rechten Ort bin, ereignen sich immer wieder viele spannende Dinge. Ich weiß, dass jeder von uns auf dieser Welt seinen festen Platz und seine einzigartige Aufgabe hat. Wir müssen einfach mehr in uns hineinhorchen, den Kopf einmal ruhig werden lassen, um zu fühlen, wohin es für uns geht und gehen soll.

Achtsamkeit

Achtsam durch das Leben gehen.
Ist horchen auf das Bauchgefühl.
Ist folgen deinem Herzensruf.
Ist lieben und danken, geduldig sein.
So erkennen wir unseren Weg.

Martina Pauzenberger

Achtsamkeit bedeutet für mich Empathie, Einfühlungsvermögen in alle wichtigen Dinge meines Lebens. Es ist gleichzeitig ein Sich-Zurücknehmen aus dem aktiven Geschehen. Denn wenn wir uns im Zuge des Mitfühlens einer negativen Emotion hingeben, sind unser Kopf und unser Herz nicht mehr frei für Liebe und einen neutralen Umgang mit der Sache. Für mich kann **Achtsamkeit** auch einen bewussten *Verzicht* auf etwas bedeuten, um damit zum Beispiel einem größeren Ganzen zu dienen (z. B. Umwelt).

Achtsamkeit ist ein Wachsein und Präsentsein, das aus unserem Innersten kommt, zum Wohle von uns selber, aber oft auch von etwas Größerem, Umfassenderen.

Wir alle haben Fehler und Macken. Verständlicherweise. Doch sollten wir diese nicht als Ausrede für einen rücksichtslosen Lebenswandel verwenden. Jeder von uns sollte sich, so gut er kann, Mühe geben, in so vielen Bereichen wie möglich achtsam zu sein. So gut er kann bedeutet, dass er nach seinen Möglichkeiten sein Bestes gibt und sich bemüht, dies stets weiter zu optimieren. Wenn sich jemand zum Beispiel noch nicht viel mit der Vermeidung von Plastikmüll beschäftigt hat, wäre es nicht fair, von ihm vollste Konsequenz darin zu verlangen. Hätte er sich jedoch in das Thema eingelesen oder mit anderen darüber unterhalten, die Erfahrung darin haben, oder selbst Erfahrung gesammelt, kann man von dieser Person **Achtsamkeit** in dieser Hinsicht erwarten. Das heißt, **Achtsamkeit** ist auch ein Bewusstwerdungsprozess, bei dem man sich selbst weiterentwickelt.

In unserer schnelllebigen Zeit hat es sich mehr und mehr herauskristallisiert, egoistisch zu sein. Man lebt vor allem für sich, zum eigenen persönlichen Wohl, ohne Rücksicht auf andere oder gar die Natur. Über unser Einfühlungsvermögen nehmen wir auch wahr, welche Bedürfnisse unser Umfeld und unsere Umwelt haben. Diese sollten mehr und mehr wieder Beachtung finden und innerhalb unseres Wahrnehmungsbereichs liegen.

Achtsam sein heißt für mich, sich der Verantwortung, die wir für uns und unsere Welt haben, bewusst zu sein. Sich der positiven Möglichkeiten bewusst zu sein, die wir haben. Sich der Kraft bewusst zu sein, die in uns wohnt und die wir zum Positiven einsetzen können.

Achtsamkeit sollte einen ständigen Reflexionsprozess beinhalten. Dazu brauche ich immer auch die Rückschau auf Situationen. Ebenso die Meinungen verschiedenster Leute zu einem Thema. Das eröffnet mir neue Sichtweisen, neue Standpunkte und gibt mir die Möglichkeit, empathischer zu werden. So kann ich meine Entscheidung mit dem Gemeinwohl besser koordinieren.

Achtsamkeit dient mir auch dazu, das Leben anzunehmen, wie es ist – eine ständige Veränderung. Oft sind wir unglücklich, wenn unser Leben nicht so läuft, wie wir es uns wünschen, doch wir sind selbst unseres Glückes Schmied. Vielleicht haben uns negative Gedankenspiralen in diese Situationen hineinmanövriert, wo wir uns gerade befinden. Wir können jedoch positive Spiralen erzeugen, wenn wir uns achtsam und in Hinwendung zum Guten und Authentischen auf die Sache einlassen. Vielleicht bringen uns ja gerade die scheinbaren *Um-Wege* dorthin, wo wir in Wahrheit hingehören. Nicht, wo uns unser Kopf und unser Ego hinhaben wollen.

DEMUT UND DANKBARKEIT
Danken dafür, was wir sind und was wir haben, was wir können und was wir tun.

Dankbar sein für das Geschenk unseres Lebens. Wenn wir der **Dankbarkeit** jeden Tag etwas mehr Raum geben und uns ganz bewusst bedanken und gleichzeitig wertschätzen, was wir haben, werden wir demütiger. Wir haben meistens immer genug von dem, was wir brauchen. Genug zum Essen, Gewand, uns zu kleiden, ein Dach über dem Kopf, Menschen, die wir lieben und die uns lieben. Wir haben unsere Hände, unser Herz und unseren Kopf, um zu handeln und unseren Weg zu gehen. **Dankbarkeit** hilft uns beim Besinnen auf das Wesentliche.

AUTHENTIZITÄT

Von außen treffen unzählige Einflüsse auf uns ein. Was wir tun oder lassen sollen. Was gut für uns ist und was nicht. Was wir anscheinend brauchen oder nicht brauchen. Doch wenn wir uns wieder mehr auf uns, unseren Ursprung und unsere eigentliche Natur besinnen, kommen wir Stück für Stück zu uns selbst und zur Natürlichkeit in uns. So fällt es auch leichter, achtsam zu sein. Zum Beispiel beim Einkauf, im Garten, in der Küche.

Das Wichtigste für uns sollte **Authentizität** sein. Denn nur so sind wir in unserer Mitte und fähig zu spüren, wer wir sind.

Wichtig ist es, etwas zu finden, womit wir ganz zu uns kommen, zur Ruhe, zu unserem Bauchgefühl und in unsere Mitte. Spaziergänge in Wald und Wiese, Meditation, seine Kreativität ausleben unterstützen uns dabei. Finde deine Oase – nur so kannst du du selbst und authentisch sein!

Nur so weißt du, was dein Herz möchte, was in deiner Seele brennt und wo du hingehörst. Jeder ist aus einem bestimmten Grund hier und hat eine Botschaft, tief in ihm/ihr drinnen. Deshalb ist es umso wichtiger, authentisch sein zu können.

ARBEITEN MIT VORHANDENEN RESSOURCEN

Ganz gleich, ob es der Blick in Vorratskammer oder Kühlschrank ist und die damit getroffene Entscheidung, was man kocht, oder ob es beim Basteln mit den Kindern ist oder beim Autokauf, Recycling und so weiter. Der Alltag bietet uns viele Entscheidungsmöglichkeiten. Zum Beispiel indem wir nur mit den **Ressourcen** arbeiten, die uns momentan zur Verfügung stehen. Das erfordert ein gewisses Maß an Flexibilität und Kreativität, dient aber dem natürlichen Kreislauf und damit auch uns. Es ist ein Schritt zu unserer persönlichen Freiheit, Authentizität und Achtsamkeit. So können wir **Ressourcen** schonen, beispielsweise Lebensmittelverschwendung vermeiden und etwas Neues kreieren.

GEDULD UND ZUFRIEDENHEIT
Schneller, besser, höher, weiter ...

Oftmals wollen wir unser Leben und unsere Mitmenschen in allen Lebensbereichen *optimieren*. Doch ein achtsamer Umgang mit unserer Um-Welt benötigt auch eine Prise an Zufriedenheit und Geduld. Nur wenn wir einen Gang zurückschalten und wieder ein Stück Richtung Mutter Natur gehen, können wir Glück und Zufriedenheit in unser Leben bringen.

Das oft so rapide, der Gesellschaft angepasste Tempo wird aus unserem Leben herausgenommen, damit wir zu einer geduldigen, abwartenden Position fähig werden.

Das Leben braucht manchmal seine Zeit, um alle Richtungsweiser und Dreh- und Angelpunkte auf die richtige Spur zu lenken. Das gewisse Maß an Geduld lässt uns vielleicht manches Mal direkter ans Ziel kommen und ermöglicht uns, Schritt für Schritt unseren Lebensweg in unserem eigenen Tempo voranzuschreiten.

Sobald mich das Gehetztsein im Griff hat, halte ich inne und zähle gemütlich bis 30. So gebe ich meinem Schutzengel Zeit zu arbeiten.

Achtsamkeitsübungen und Meditation

Ein Stein fällt ins Wasser.
Durchdringt die Oberfläche,
sprengt sie wie eine klare Wand,
lässt sich sanft nach unten sinken,
entschleunigt, von der Kraft des Wassers,
lässt sich tragen vom unterirdischen Strom.
An der durchdrungenen Oberfläche bilden sich Wogen,
Wellen, die rund um die entstandene Öffnung entstehen,
weiterwandern und langsam wieder entschwinden.
So tauchen wir ein, in die Tiefe unseren Seins.
Lassen uns tragen vom Strom des Lebens,
schauen, wie wir tiefer sinken in unseren Kern.
Wie wir verschmelzen mit allem Göttlichen,
erkennen das Göttliche in uns.
So lasst uns sinken.
Tiefer, in uns.

Martina Pauzenberger

Der Sinn von **Meditationen** und **Achtsamkeitsübungen** ist es, in den Moment, ins Hier und Jetzt, zu kommen, um zu sehen, zu fühlen, zu riechen und zu schmecken, was das Leben uns gerade bietet.

Weiters ermöglichen derartige Bewusstseinsübungen Innenschau, Reflexion und Wahrnehmung von Bedürfnissen, Wünschen und Körpersignalen – Enge, Druck, Weite, Spannung, Schmerz.

Besonders über bewusstes Atmen und ein *Im-Kopf-Sehen* der Bilder kannst du in dir eine tiefe Entspannung auslösen und dadurch den Körper entlasten.

Ent-Lasten – von seinen Lasten befreien.
Los-lassen anregen.
Ent-Spannen.

Meditation und Bewusstwerdung seiner selbst ist grundsätzlich überall möglich. Über eine bewusste Atmung und die Konzentration darauf können wir sofort wieder in unsere Mitte kommen.

Es gibt einerseits die Möglichkeit, sich im Laufe des Tages bewusst Zeit für **Meditationen** zu nehmen. Dies ist ein sehr guter Weg, um wirklich zur Ruhe zu kommen. Außerdem können wir bei allen unseren Tätigkeiten in einen meditativen Zustand gehen. Viele empfinden beispielsweise Kochen als Last oder unnötigen Zeitaufwand. Stell dir vor, du übst dich beim Kochen in Entspannung, so bekommst du ein leckeres Gericht mit guter Energie und gewinnst Zeit, die du an diesem Tag nicht für eine Stunde Entspannung brauchst, sondern für etwas anderes nutzen kannst. Entspannen beim Kochen gelingt einerseits durch bewusstes Atmen und andererseits durch das *Im-Moment-Sein* zum Beispiel beim Schälen oder Schneiden.

Es gibt die Möglichkeit, die Übungen durchzulesen und anschließend einfach gedanklich noch einmal durchzugehen. Oder man nimmt den Text auf und spielt ihn sich immer wieder vor.

Sehr wichtig bei **Achtsamkeitsübungen** oder **Meditationen** ist für mich der Zustand vorher und nachher. Bevor du beginnst, höre in dich hinein, wie es dir geht. Mach es messbar, indem du dein Befinden (körperlich und geistig) auf einer Skala von 1–10 (1 = furchtbar!, 10 = super gut!) einteilst. So hast du einen Vergleichswert mit dem Befinden nachher und kannst die Veränderung deiner Stimmung und deines Körpergefühls unmittelbar wahrnehmen. Unser Verstand braucht oft Kontrollmechanismen. Für ihn muss alles messbar, greifbar, mit randomisierten Doppelblind-Studien festgestellt worden sein. Doch Leben ist damit nicht zur Gänze fassbar. Leben bewegt sich viel mehr in der Gefühlswelt, als wir wahrhaben (wollen). Deshalb ist es gut, wenn wir uns auf uns ganzheitlich einlassen – die positiven Veränderungen werden sich einstellen und wir haben einen großartigen Nutzen davon. Darum wünsche ich dir viel Spaß bei den Übungen!

ÜBUNG 1: GEHALTEN WERDEN VOM KREIS

Hier wird mit mindestens drei Personen ein Handkreis gemacht. Diese Übung hat sich meine Tochter Emma ausgedacht und mit uns (also Mama und Papa) durchgeführt.

Bei dieser Achtsamkeitsübung solltest du mit mindestens zwei anderen Menschen einen Handkreis bilden. Ihr geht dabei in gemütlichem Tempo (zum Beispiel zu Musik) im Uhrzeigersinn. Nach ein paar Umdrehungen geht eine Person ein bis zwei Schritte weiter in den Kreis hinein und die anderen halten ihn weiter bei den Händen, bis er wieder aus der Mitte herauskommt. Dann ist der nächste dran.

Über das **Im-Kreis-Gehen** entsteht eine Dynamik, die noch spürbarer wird, wenn die Person in der Mitte das Gehaltenwerden als Zug wahrnimmt. Das Händehalten dient in diesem Fall der Veranschaulichung der Verbindung mit allem, was ist. Wir sind eingebunden in ein Gefüge von Aktion und Reaktion. Wir sind ein Teil des Ganzen.

Der Hintergrund dieser Übung ist kein sportlicher, sondern es geht um das Fühlen der Energie, die entsteht, wenn man sich einige Male im Kreis bewegt und immer wieder in die Mitte tritt, während man gehalten wird.

ÜBUNG 2: WANDERE DURCH DEINEN KÖRPER

Bei dieser Übung geht es darum, im Geist durch den Körper zu wandern, entspannt weiterzuatmen und das Befinden in deinem Körper wahrzunehmen.

Lenke deine Aufmerksamkeit auf deinen Körper. Atme einige Male tief ein und aus.

Vor deinem Körper entsteht eine kleine, weiße Lichtkugel. Diese Lichtkugel schlüpft über deinen Nabel in deinen Bauch hinein. Sie erhellt nach und nach alle deine Zellen und Organe und durchflutet sie mit göttlichem Licht und mit göttlicher Liebe, das Licht erfüllt deinen Körper mit Klarheit und Freiheit. Denke immer daran, ruhig weiterzuatmen. Atme das Licht hin zu deinen Organen.

Atme … in deine Lunge
… in dein Herz
… in deinen Magen
… in deine Leber
… in deine Gallenblase
… in deine Nieren
… in deine Blase
… in deinen Dünndarm
… in deinen Dickdarm
… in deine Bauchspeicheldrüse
… in deinen Unterleib
… in deine Milz
… in deinen Hals
… in deinen Kopf

Das Licht durchflutet mit deinem Atem alle deine Organe, alle deine Zellen. Es breitet sich in deinem ganzen Körper aus. Du leuchtest von innen heraus.

Und wenn du erfüllt und erfrischt vom strahlenden Licht bist, siehst du, wie die Lichtkugel wieder aus deinem Nabel herauskommt und sich ausbreitet und deinen gesamten Körper umhüllt. Genieße dieses Gefühl. Sieh es, höre es, schmecke es und fühle es. Lasse es noch einige Minuten auf dich wirken, bis du wieder zurückkommst ins Hier und Jetzt!

ÜBUNG 3: MIT MUTTER ERDE VERBINDEN

Das Allerwichtigste in unserem Leben ist das Sein im Hier und Jetzt. Ohne ausreichende Erdung, also gespürte Verbindung mit Mutter Erde ist es schwieriger, konsequent und voller Aufmerksamkeit unseren Weg zu gehen und in der Gegenwart zu sein. Sogar unsere Häuser müssen geerdet sein. Nur so können wir gefahrlos darin wohnen.

Schließe deine Augen und atme einige Male bewusst ein und aus.

Stell dir vor, wie du auf einer Wiese stehst. Direkt vor dir wächst eine große, alte Eiche aus dem Boden. Gehe hin zu dieser Eiche und lehne dich an, umarme den Baum und fühle die pulsierend-erdende, nach unten ziehende und beschützende Kraft.

Vielleicht spürst du deine Fußsohlen vibrieren oder du riechst den Duft von verholzter Rinde, feuchtem Moos oder frisch aufgebrochener Erde.

Nun stell dir vor, wie tief in den Boden Wurzeln wachsen, von deinen Fußsohlen aus. Und wenn du deine Verbindung mit Mutter Erde spürst, komm wieder aktiv zurück in deinen Körper. Nimm deinen Körper, deine Füße, das Gefühl in Bauch, Herz und Kopf wahr und atme einige Male ruhig weiter, bis du wieder ganz da bist im Hier und Jetzt.

ÜBUNG 4: MIT LICHT FLUTEN

Gut als kurze Entspannung, wenn du nervös oder aufgeregt bist, einfach zwischendurch, oder wenn du dich selbst erfrischen möchtest.

Atme ein paar Mal bewusst ein und aus. Lenke deine Aufmerksamkeit auf deinen Körper.

> Beginne bei deinen Zehen. Stell dir vor, wie gleißendes, weißes, mollig-warmes oder prickelndes und erfrischendes Licht durch deinen Körper fließt.
> Es wandert durch alle deine Zellen, Stück für Stück.
> Durch all deine Zellschichten.
> Durch deine Muskeln, Sehnen, Knochen.
> Es wandert von deinen Zehen über deine Füße zur Hüfte und durch deinen Bauch in den Brustkorb bis in die Arme und über deinen Hals bis in den Kopf und noch ein Stück darüber hinaus.

Zum Schluss stell dir deinen Körper vor deinem inneren Auge vor, wie er als Ganzes im weißen Licht glänzt, schimmert und strahlt.

Tipp

Um mit der höchsten Form der Energie zu arbeiten, lade ich gerne *das göttliche Licht und die göttliche Liebe* ein. Hier nehme ich eine ganz andere, höhere Schwingung wahr.

Dies funktioniert auch bei Gegenständen, Häusern, Räumen oder bei deinem Essen. Dabei fließt die Energie zwischen deine Hände, wenn du sie um den Teller legst.

Wie das mit dem g'sunden Essen ist

Mit der Natur, hinaus auf's Feld.
Aufbrechen. Umbrechen.
Folge den Gezeiten.
Säe den Samen.
Lass die Natur ihn hervorbringen,
wachsen und gedeihen.
Bis er sich entwickelt.
Im Gefüge der Schöpfung.
Bis der Same sich selbst trägt.
Früchte trägt.
Sich zurückzieht und den Kreis wieder schließt.

Martina Pauzenberger

Grundsätzlich gibt es für mich zum Thema *G'sund essen* einige wichtige Schlagworte.

 Wähle deine Lebensmittel möglichst frisch, regional, saisonal, biologisch, nachhaltig und natürlich.

Doch was bedeutet dies für mich im Einzelnen? Wenn man genauer darüber nachdenkt, wird ersichtlich, dass sich diese Schlagworte untereinander verbinden und voneinander abhängig sind.

FRISCHE

Frisch bedeutet für mich, dass etwas nicht ewig gelagert wird, dass es nicht um die halbe Welt geschifft oder geflogen wird, um auf meinen Teller und in meinen Bauch zu kommen. **Frische** verbinde ich auch mit Eigenverantwortlichkeit. Ist ein Mindesthaltbarkeitsdatum ausschlaggebend für die **Frische**? Über eine sensorische Prüfung kannst du feststellen, ob ein Produkt noch **frisch**, gut, in Ordnung ist. Rieche dran, schau es dir an, koste ein wenig davon und dann entscheide, ob es noch gut ist.

SAISONALITÄT

Nur wenn wir darauf achten, das zu essen, was es zu einer bestimmten Zeit bei uns gibt, sparen wir unnötige Transportwege, unnötige Lagerzeit und unnötigen Frischeverlust.

Es hat auch evolutionsbiologisch seinen Sinn, dass wir in unseren Breitengraden im Winter keine Zitrusfrüchte haben, weil es draußen zu kalt ist. Klar enthalten diese Früchte Vitamin C, das ja bekanntlich gut ist für das Immunsystem. Dennoch sind Zitrusfrüchte thermisch gesehen kühlend oder kalt und dieses Auskühlen kann dazu führen, dass unser Immunsystem in den Wintermonaten noch mehr gefordert wird.

> **TIPP**
> Hagebutte passt prima als hochwertiger Sirup ins Salatdressing.

Außerdem gibt es bei uns im Winter zahlreiche Lebensmittel, die noch größere Mengen Vitamin C enthalten als etwa Sauerkraut oder Hagebutte.

Bei uns gibt es die Vielfalt des Gartens eben nur im Sommer, wenn diese Kostbarkeiten ihre Saison haben. Das führt dazu, dass wir die Dinge viel mehr schätzen.

Geht es dir nicht auch so, dass im Frühjahr, wenn draußen alles schön langsam wieder zu sprießen beginnt, in dir das Bedürfnis nach frischen Kräutern, Salaten etc. neuerlich wächst? Oder dir das Wasser im Mund zusammenläuft, wenn du an die Beeren- und Früchtevielfalt des Sommers denkst? Den Geschmack von sonnenwarmen Himbeeren vom Strauch, der leichte Sommerwind bläst durch dein Haar und es riecht nach frisch gemähtem Heu?

Ein Genuss. Ganzheitlich. So soll es auch sein.

Denn nur wenn wir die Dinge zu ihrer Zeit ernten, pflücken, sammeln, haben sie die maximal möglichen Inhaltsstoffe, Aromen und bioverfügbaren Substanzen.

Schau, wann welche Pflanzen bei dir in der Region Saison haben. Dann sind sie gut für dich und deine Umwelt.

Deshalb – alles zu seiner Zeit.
Geduldig sein und Vorfreude walten lassen.

REGIONALITÄT

Regional einkaufen verkürzt Transportwege. Das Verwenden von regionalen Produkten führt zu mehr Frische für den Konsumenten und es werden Produzenten in deiner Umgebung angespornt, weiterzumachen oder neu anzufangen. Dies führt zur Vielfalt. Vielfalt kann auch mit einbeziehen, dass wieder vermehrt alte Sorten, die in einer bestimmten Region typisch waren, angebaut werden.

Regionalität bedeutet auch, dass wir selbst wieder aktiv werden müssen, um uns schlau zu machen, was es in unserer näheren Umgebung überhaupt an tollen Produkten gibt. Heute sind wieder mehr Menschen dabei, was Nahrungsmittel betrifft, auf Eigenverantwortung zu setzen und aktiv zu sein – manche machen Marmeladen und Chutneys, andere bauen seltene Gemüsesorten an, wieder andere vermehren biologische und rare Tomatensamen. Suchen wir uns Schnittstellen, wo wir mit anderen Menschen in Kontakt kommen – vor allem Face-to-Face, also von Angesicht zu Angesicht – und wo wir Anregungen bekommen – die Antwort sollten wir immer in uns selbst finden.

Gehen wir auf die Suche nach der bestehenden regionalen Vielfalt und unterstützen wir sie zusätzlich.

BIOLOGISCHER ANBAU

Momentan ist es sehr modern, BIO zu kaufen. Was steckt im Grunde hinter diesem Begriff? Es bedeutet zurück zur Natur, zurück zu den Ursprüngen der Lebensmittelproduktion, der Tierhaltung am eigenen Hof, der eigenen Samenvermehrung etc. und in weiterer Folge zurück zu uns selbst. Wenn wir mehr Lebensmittel zu uns nehmen, die wenig von irgendwelchen Schad- oder Giftstoffen belastet sind, kommen wir den Anforderungen der Natürlichkeit schon sehr entgegen. Außerdem bekommen die Bauern wieder mehr Geld für ihre sehr wertzuschätzende Arbeit. Die Tiere werden ethisch korrekt und achtsam gehalten und unser Planet wird wieder mehr geschont.

Doch ist Bio gleich Bio und ist Bio das Beste, was es gibt?

Bio bedeutet nicht nur, dass auf bestimmte Dinge wie chemische Spritzmittel und Genmanipulation verzichtet wird, sondern es meint, dass die gesamte Wertschöpfungskette achtsam kontrolliert wird.

Triff deine Entscheidungen, wo du ein Teil dieser Wertschöpfungskette bist, mit der nötigen Achtsamkeit und sei dir der Bedeutung deiner Entscheidungen bewusst.

Bio-Siegel sind ein wichtiges Zeichen der Qualität des Produkts nach außen. Doch noch viel wichtiger ist meiner Meinung nach, dass derjenige, der ein Lebensmittel produziert, seine Arbeit voller Leidenschaft und von Herzen gerne macht.

Es wird zumindest für den Konsumenten leichter, die Produktionsweise nachvollziehen zu können. Ansonsten wäre der Kontakt zum Hersteller eine bei regionaler Produktion mögliche Weise, über die Qualität des Lebensmittels informiert zu sein. **Biologischer Anbau** ist ein Weg zu mehr Natürlichkeit in unserem Essen– sogar ein sehr guter! Doch wir sollten stets bedenken, dass vor einigen Jahrzehnten noch alles bio war. Darum, auf zu besserem Essen!

NACHHALTIGKEIT

Jeder von uns hinterlässt in seinem Leben einen Fußabdruck. Er kann aus einem riesigen Müllberg bestehen oder aus einem Lichtblick für sich und andere. Achtsamkeit im Sein bedeutet, dass wir uns dessen bewusst sind, was wir tun und welche ganzheitlichen Auswirkungen es auf diese Welt hat, und dementsprechend handeln.

Nachhaltigkeit heißt für mich, dass wir zum Beispiel nicht nur essen, um satt zu werden, sondern weil es uns ein Gefühl von Nähe, Geborgenheit, Aufgehobensein vermittelt und wir gerne in schöner Atmosphäre mit netten Menschen ein liebevoll gekochtes Essen genießen, das auch unsere Seele und unseren Geist nährt, weil wir in weiterer Folge noch ein anregendes Gespräch über ein interessantes Thema führen.

Es bedeutet auch, Dinge zu tun im Bewusstsein, dass mein Handeln über den Moment hinaus auch auf andere Menschen, Tiere, Organismen und Ökosysteme Einfluss hat.

Woran könnten wir Nachhaltigkeit bei der Ernährung messen?

Im Großen und Ganzen finde ich es wichtig, immer möglichst die gesamte Wertschöpfungskette zu betrachten. Wir sollten in jeder Phase achtsam, offen und interessiert sein. Niemals dürfen wir vergessen zu fragen, was die Wahrheit hinter der scheinbaren Wahrheit ist. Deshalb seien wir angespornt, nachhaltige, ganzheitliche Lösungen zu finden, nicht nur in der Ernährung, auch in Technologie, Umwelt etc.

NATÜRLICHKEIT

Dies ist für mich wieder ein Thema von Verantwortlichkeit, die wir bei all unseren Handlungen übernehmen sollten. Indem wir uns ansehen, wie lange ein Produkt haltbar ist, wie und wo es hergestellt wurde und woraus es besteht, können wir abschätzen, wie natürlich es ist.

Je natürlicher unsere Lebensmittel sind, desto besser. Damit halten wir automatisch unnötige Zusatzstoffe in Grenzen. Außerdem ist **Natürlichkeit** mit Frische und möglichst wenig Verarbeitung verbunden.

Wie viel Natürlichkeit steckt in einem Joghurt mit 200 aktiven Bakterienstämmen, das nach Aloe Vera oder Schwarzwälder-Kirschtorte schmeckt?

Natürlichkeit ist auch mit einem schnelleren Ablaufdatum verbunden. Das ist sogar sehr gut, denn es ist ein Zeichen für Lebendigkeit!

G'sund essen – Bestandteile einer hochwertigen Kost

Hier findest du die Zusammenfassung meiner Erfahrungen, woraus ein g`sundes Essen bestehen könnte.

Generell ist ein hoher Anteil erstrebenswert von
› Gemüse und Obst – mehr Gemüse,
› frischem (Vollkorn-) Getreide (auch glutenfreie Varianten wie Buchweizen, Hirse, Reis …) und Kartoffeln,
› hochwertigem, pflanzlichem Eiweiß aus
    › Nüssen – Walnuss, Haselnuss, Mandel …,
    › Saaten – Sonnenblumenkernen, Leinsamen, Sesam …,
    › Hülsenfrüchten – Kichererbsen, jegliche Arten von Bohnen und Linsen.

Weiters sind für ein *g`sundes* Essen aus meiner Sicht essentiell:

WASSER, SALZ, ÖL, KRÄUTER, GEWÜRZE UND BITTERSTOFFE

WASSER ist viel mehr als ein reines Transportmittel im Körper. Es ist als Informationsträger der Quell des Lebens. Masaru Emoto, Viktor Schauberger und Johann Grander sind nur einige, die sich mit dem Thema Wasser und Informationen auseinandergesetzt und erstaunliche Ergebnisse dabei erzielt haben, u. a. zur Heilkraft des Wassers für uns Menschen. Deshalb ist es umso wichtiger, dass wir ausreichend Wasser zu uns nehmen. Täglich sollten wir mindestens auf 2–2,5 Liter kommen. Alles was wir sonst noch an Kaffee, Tee und Co. trinken, zählt hierbei nicht. Pures Wasser ist für den Organismus ein lebensnotwendiger Stoff. Ist jedoch noch etwas enthalten wie Zucker, so kann unser Körper dies nicht als Flüssigkeit einordnen, sondern es wird als Nahrung eingestuft und somit bleiben unsere Zellen durstig.
Ein weiterer Grund, warum es sehr wichtig ist, ausreichend Wasser zu trin-

ken, ist, weil wir durch das Zu-wenig-Trinken oft den Unterschied zwischen Hunger und Durst nicht mehr kennen.

Der wohl wichtigste Grund, warum wir Wasser anstatt anderer Getränke zu uns nehmen sollten, ist die Zuckerhaltigkeit der sogenannten Erfrischungsgetränke.

Folgende Wasserarten kann ich empfehlen

> Quellwasser
> Leitungswasser in guter, geprüfter Qualität
> Edelstein-Wasser (Steine regelmäßig reinigen!)
> stilles Mineralwasser aus Glasflaschen
> *informiertes* Wasser und Lichtwasser

Zu *informiertem* Wasser

Schon lange ist es ein Trend, verschiedenste Methoden zur Belebung des Wassers anzuwenden. Oftmals werden dabei viele sehr teure Geräte mitverkauft, die nicht immer ihren versprochenen Zweck erfüllen oder ihrem Preis-Leistungs-Spektrum nicht gerecht werden. Wasser zu *informieren* ist jedoch sehr einfach! Es reicht, das Wasser für ein paar Minuten auf einen mit der gewünschten Information beschriebenen Zettel (zum Beispiel *Wohlbefinden*) zu stellen. Die Energie verändert sich dadurch. Dies ist mit verschiedenen radiästhetischen Methoden messbar. Feinfühlige Menschen nehmen es auch als Veränderung im Geschmack oder der Stofflichkeit des Wassers auf der Zunge wahr.

Eine feststoffliche Version eines *informierten* Wassers erhält man, wenn man z. B. frische Kräuter, Zitronen- oder Ingwerscheiben ins Wasser gibt. Dadurch verändert sich nicht nur der Geschmack, sondern das Wasser wird auch mit der Pflanzenwirkung – beispielsweise *kühlend* bei Pfefferminze und Zitrone und *wärmend* bei Ingwer – *informiert*.

SALZ war früher so wertvoll, dass die Menschen damit bezahlt haben. Es ist nach wie vor ein sehr wichtiger lebensnotwendiger Baustoff in unserem Körper. Deshalb sollten wir jeder Speise etwas Salz zufügen. Es geht nicht darum, Unmengen davon zu verwenden. Ein bewusster Umgang ist gefragt. Wichtig ist auch zwischen dem gewöhnlichen Kochsalz, sprich Natriumchlorid, und einem naturbelassenen Salz zu unterscheiden.

Salz ist also nicht gleich Salz. Ich verwende gerne ein natürliches Ur-Salz. Am besten unraffiniert. Hier in Österreich und Deutschland können wir uns glücklich schätzen über das Vorkommen an hochwertigem Steinsalz.

Eine Verbindung von Salz und Wasser ist offensichtlich. Das Leben hat sich im sogenannten Urmeer vor Millionen von Jahren entwickelt. Auch während der Schwangerschaft haben Wasser und Salz eine große Bedeutung. Das Fruchtwasser besteht aus einer 0,9 %igen Salzlösung. Somit schwimmen die Embryos im Salzwasser.

Tipp

Mein bestes Regenerationsrezept, wenn ich erholungs-
bedürftig bin, ist ein Salzwasserbad. Ich empfinde es
als ein herrliches Mittel zum Loslassen und Entspannen
Dabei merke ich immer, wie meine Nieren sich öffnen.
Probiere doch einmal ein Bad mit 3–10 Esslöffeln Salz.

Vor dem Zweiten Weltkrieg wurden viele Speisen mit Salz haltbar gemacht. Beispielsweise wurde Apfelmus mit Salz und Zimtrinde (sofern verfügbar) eingekocht. Salz gleicht den pH-Wert aus, was dazu führt, dass unser Körper es besser verstoffwechseln kann. Somit benötigen wir weniger Mineralstoffe aus unseren Knochen, um bei der Verdauung den pH-Wert auf ein für den Körper verträgliches Maß zu bekommen.

Folgende Salze kann ich empfehlen
› Gute, naturbelassene, unjodierte Salze ohne Streu- und Rieselhilfen, im Optimalfall aus Österreich oder Deutschland
› Natur- und Kräutersalze ohne Zusatzstoffe
› Salzsole aus Natursalz – In ein Glas mit Schraubdeckel etwas Wasser geben und einen Salzkristall hineinlegen – das Wasser löst nur, bis ein gewisses Gleichgewicht entsteht (26 % Salzgehalt – mehr als diese Menge Salz löst sich aufgrund von osmotischen Zuständen nicht. Man könnte sagen, es kommt ein Zellgleichgewicht zustande und wenn dieses erreicht ist, wird nicht mehr vom Salzkristall abgelöst). Der Rest bleibt kristallin und kann gut zum Würzen, fürs Salatdressing oder zum Zähneputzen verwendet werden.

GUTE ÖLE sind für mich hochwertige, am besten kalt gepresste Öle wie zum Beispiel Leinöl, Olivenöl, Sonnenblumenöl, Walnussöl und viele mehr. Da wir Fette für fast alle Körpervorgänge benötigen, sollten wir dem Faktor FETT in unserer Ernährung im Hinblick auf Qualität und Menge mehr Bedeutung beimessen. Ich habe für mich entdeckt, dass ich durch das Verwenden von viel gutem Öl weniger Nahrung brauche, länger satt bin, dass meine Haut schöner ist und meine Verdauung besser funktioniert. Ich habe durch eine vorwiegend pflanzliche Ernährung mit sehr hohem Anteil an Kräutern, Gewürzen und Ölen sogar einige Kilos verloren bzw. mein Gewicht stabilisiert. Am liebsten wechsle ich beim Kochen verschiedenste Öle ab. Je nach Geschmack, Vorliebe und Speise. Da sich die Zusammensetzungen der Fettsäuren je nach Öl bzw. Ursprungspflanze unterscheiden, ist es auch aus diesem Grund gut, die verwendeten Öle regelmäßig abzuwechseln, denn so können wir aus dem vollen Reichtum an Fettsäuren schöpfen.

Wichtig ist es zu wissen, dass zum Hocherhitzen unbedingt geeignete Fette verwendet werden sollten (z. B. Brat- und Backöle und andere)! Brat- und Backöle gibt es im Bioladen oder werden in guten Ölmühlen hergestellt. Das sind kalt gepresste Öle (meist aus Sonnenblumen). Ihnen werden mittels *Desodorierung* freie Fettsäuren sowie Geruchs- und Geschmackstoffe entfernt. Dabei wird dem Öl Wasser zugesetzt, das anschließend schonend wieder verdampft. Dadurch sind die Öle hitzebeständiger und geschmacksneutral.

Ich habe mit diesen Ölen schon Bauernkrapfen und andere hoch zu erhitzende Speisen erfolgreich und lecker zubereitet. So kann man sich die qualitativ und gesundheitlich minderen Frittierfette insbesondere für die Haushaltsküche sparen!

Nach der Zubereitung sollte jede Speise zusätzlich mit hochwertigem, kalt gepresstem Öl verfeinert werden – bis zu 5–10 % Öl sollten in jeder Speise insgesamt enthalten sein.

Folgende Öle kann ich empfehlen

› Zum Anbraten: Brat- und Backöle, Sonnenblumenöl oder Rapsöl
› Für Salate, zum Verfeinern, zu kalten Speisen: kalt gepresste Öle wie Olivenöl, Kürbiskernöl, Walnussöl, Mandelöl, Leinöl, Leindotteröl, Hanföl, Schwarzkümmelöl, Sonnenblumenöl, Rapsöl, Sojaöl …

KRÄUTER UND GEWÜRZE liebe ich. Und zwar Unmengen davon. Sie enthalten, ganz gleich ob frisch oder getrocknet, viele wichtige Bestandteile wie Vitamine, Mineralstoffe, Spurenelemente und sekundäre Pflanzenstoffe. Letztere, wie Flavonoide oder Phenolsäuren, braucht die Pflanze nicht vordergründig zum Wachsen und Entstehen. Sie haben vielmehr einen Zusatznutzen für eine natürliche Schädlingsabwehr. Das heißt, sie stärken u. a. den Körper, weil sie Antioxidantien enthalten, welche die Zellalterung hemmen.

Es gibt bei mir kein Gericht, das ich ohne Kräuter zubereite. Nach der Gartensaison mit jederzeit verfügbarem frischem Grün wende ich die getrockneten Kräuter und Gewürze an. Auch Pestos sind genial. Sie enthalten frische Kräuter, Salz und Öl – also eine perfekte Energie-Frische-Kombination.

Folgende Kräuter kann ich empfehlen

› Alles was im Garten, auf der Fensterbank, in der Kräuterschnecke wächst und gedeiht – Liebstöckel, Petersilie, Schnittlauch, Basilikum, Thymian, Lorbeer, Rosmarin …
› Alles was wild wächst und essbar ist – Löwenzahn, Brennnessel, Gänseblümchen, Spitzwegerich, Sauerampfer, Himbeerblätter, Giersch …
› Am besten frisch gerupft, gezupft, geschnitten, ansonsten getrocknet oder zu Pesto verarbeitet.

Tipp
Wie beim Schwammerlsuchen – bitte immer nur solche Kräuter wild sammeln, die du auch wirklich zu 100 % kennst!

BITTERSTOFFE sind absolut notwendige Bestandteile für eine gesunde Ernährung. Nur wenn wir dem Körper ausreichend Bitterstoffe in Form von Kräutern, Gewürzen und Co. zuführen, können wir unsere Verdauung unterstützen und dem Körper eine wichtige Basen-Basis bieten. Bitterstoffe fördern die Produktion von Verdauungssäften. Die Leber liebt sie. Sie wirken entzündungshemmend und helfen unseren Organen, Schleimhäuten und unserem Blut, gesund zu bleiben. Besonders im Frühling, wenn die ersten Wildpflanzen sprießen, regt sich im Körper so einiges, um die Entgiftung voranzutreiben. Dafür werden die Bitterstoffe gebraucht. Wie wäre es also mit einem frischen Löwenzahnsalat im Frühling?

Eines meiner absoluten Lieblingsgewürze ist Kurkuma. Es verleiht nicht nur den Speisen eine wunderschöne gelbe Farbe und fördert die Verdauung, sondern es wirkt über seine enthaltenen Bitterstoffe auch günstig auf die Leber, den Darm etc. …

 **Gegen einen guten Kräuterbitter als Aperitif ist ab und zu sicherlich nichts einzuwenden!**

Folgende Bitterstoffe kann ich empfehlen

> Natürliche, frische oder getrocknete Kräuter mit hohem Anteil an Bitterstoffen wie Wermut, Tausendguldenkraut, Anis, Fenchelsamen, Mariendistel, Löwenzahn (-wurzel), Kurkuma, Koriandersamen und viele mehr
> Bittere Salate wie Endivie, Chicorée
> Fertige Bitterkräuter-Mischungen als Pulver
> Bittertropfen – ein oder mehrere Kräuter in Alkohol gelöst

VEGETARISCH ODER DOCH VEGAN?

Insbesondere vegan ist momentan ein viel diskutiertes Thema. Die Regale der Supermärkte werden immer voller mit Fleischersatzprodukten aus Soja, Lupinen und Co. Doch sieht so eine abwechslungsreiche und gesunde Ernährung aus? Und sind Milchprodukte so schlecht, wie sie von Veganern präsentiert werden?

Für mich ist eine vorwiegend vegetarische bzw. vegane Ernährung, die vielseitig ist, gut scmeckt und viele frische Lebensmittel enthält, zu bevorzugen.

Wer Fleisch und Wurst isst, soll unbedingt auf gute Bio-Qualität achten – und Regionalität! Es ist aber nicht notwendig, täglich Fleisch und Wurst zu konsumieren. Es soll unbedingt darauf geachtet werden, wie die Tiere gehalten werden und woher das Fleisch kommt. Wir essen all das Tierleid mit – es ist gespeichert in jeder (Fleisch-)Zelle.

ACH, DU LIEBES EI!

Auch Eier werden im Rahmen einer veganen Ernährungsweise gemieden. Man sollte wissen, dass sie sehr schnell verderben – und zwar auch im Darm. So gilt auch hier, dass Frische und Dosis entscheidende Wohlfühl- und Gesundheitsfaktoren sind. Dennoch ist ein weiches Bio-Ei einer glücklichen frei laufenden Henne am Sonntagmorgen sicherlich eine besondere Delikatesse.

Für die klassische Küche sind Eier oftmals nicht wegzudenken. Doch es ist möglich, auch ohne Ei Bindung in Speisen zu erzeugen, Mehlspeisen zu machen, indem ein Teil einfach ersetzt wird (z. B. 1 Ei im Kuchen durch 2–3 EL Apfelmus).

Auf geht's, mit ein bisschen Mut und Entdeckergeist!

MILCHPRODUKTE sollten nicht in Unmengen am Speiseplan stehen. Doch auch hier ist zu relativieren. Besser Butter, Obers und Rahm als irgendwelche Kochcremes, Créme fraîche oder Margarine. Erstere sind immer noch natürlicher herzustellen als der ganze Rest. Die Anwendung ist reine Übungssache. Wer gerne Milchprodukte mag, sollte darauf achten, die *vorfermentierten* zu essen, da sie leichter verdaulich sind.

Darunter fallen Joghurt, Sauerrahm, Topfen, Hüttenkäse und Frischkäse. Je härter die Käse sind, desto schwerer werden sie verdaut, während die gesäuerten Milchprodukte zum Beispiel mit Leinöl perfekt zu einem hochwertigen Lebensmittel aufgewertet werden. Bitte beachte auch den oft sehr hohen Zuckergehalt und die Menge an Zusatzstoffen in den handelsüblichen Fruchtjoghurts und diversen Milchprodukten.

Über den Verzehr von Milch lässt sich streiten. Ich esse seit Jahren keine Milch, weil sie mir persönlich einfach nicht guttut. Ich bevorzuge Alternativsorten aus dem Bioladen wie Reis-, Hafer-, Mandel- oder Sojadrink (Milch darf nur das Produkt von der Kuh genannt werden). Sie kommen bei mir überall statt der Kuhmilch zum Einsatz, ganz gleich ob bei Müsli & Co. oder bei Palatschinken und Béchamel.

Wer sich von seinem Kakao nicht verabschieden kann oder will, sollte zumindest versuchen, möglichst gute Bio-Milch, so frisch wie möglich und so wenig verarbeitet wie möglich, zu verzehren. Je länger eine Milch oder ein Lebensmittel hält, desto weniger lebendig ist es.

Interessant ist, und das kann ich aus meiner Bioladen-Erfahrung sagen, dass etliche biologische Produkte einfach viel weniger unnötige Zusatzstoffe enthalten. Doch meine persönlichen Hauptargumente für Bio-Produkte sind Geschmack und Genuss. Richtig gute Bio-Schokolade schmeckt einfach besser. Sie schmeckt natürlicher und pur. Es gibt Tausende Vergleichsprodukte, wo es genauso ist. Außerdem muss ich mir nicht so viele Gedanken über die Zutaten machen, weil bei diesen Erzeugnissen gewisse Stoffe, wie Hefeextrakt oder diverse Zusatzstoffe, die ich nicht gerne in meinem Essen habe, von Natur aus nicht verwendet werden. Somit kann ich mit mehr Vertrauen meinem Genuss frönen.

Auch die SOJAPRODUKTE sollten kritisch durchleuchtet werden. Stets sollte der Grundsatz gelten: Je weniger verarbeitet und je natürlicher, desto besser!

Somit fallen viele pflanzliche Fleisch- und Wurstersatzprodukte weg. Sojagranulat, Tofu und andere Soja-Produkte können hin und wieder sicher für diejenigen, die das gerne mögen, als zusätzliche Eiweißquelle verwendet werden. Jedoch nicht in Unmengen, da Soja immer Phytohormone, also den weiblichen Geschlechtshormonen ähnliche Stoffe aus der Pflanze, enthält. Insbesondere für Männer sollte Soja nicht als Haupt-Eiweiß-Lieferant verwendet werden, da ihr männlicher Hormonstoffwechsel aus dem Gleichgewicht geraten könnte. Bei Kindern sollte auf übermäßigen Verzehr von Sojaprodukten verzichtet werden. Für alle, die gerne Sojaprodukte konsumieren, bitte unbedingt auf GUTE Bio-Qualität, möglichst viel Regionalität und möglichst wenig Verarbeitung achten!

Was bleibt übrig? VIEL!

Wir leben in einer Welt, die so reich ist an Schönheit, Vielfalt und Natürlichkeit! Sofern wir es sehen wollen und können. Je mehr wir wieder zurückkommen zu unserer Natur, zum Ursprung, zu den Dingen, die rund um uns wachsen und gedeihen, desto besser wird es uns gehen. Denn so schonen wir Ressourcen und konzentrieren uns auf hochwertigste, vorwiegend pflanzliche und natürliche Lebensmittel und Dinge, die Körper, Geist und Seele von uns Menschen guttun.

Abschmecken leicht gemacht

Prise hier und Prise da.
Gläschen hier und Döschen da.
Zupfst du, rührst du, riechst du, hackst du.
Alles mit Bedacht,
was Leckeres für dich gemacht.

Martina Pauzenberger

Schön aussehen ist eine Sache. Für mich muss eine Speise jedoch auch absolut gut schmecken. Da bin ich wählerisch. Und wahrscheinlich nicht alleine mit diesem Anspruch.

Ich habe mich einige Zeit mit den Lehren der TCM (Traditionellen Chinesische Medizin) und in weiterer Folge mit dem Kochen nach den 5 Elementen beschäftigt. Vor allem beim Abschmecken und Abrunden einer Speise habe ich mir davon meine Quintessenz mitgenommen.

Grundsätzlich gibt es die Hauptgeschmacksrichtungen süß, sauer, salzig, bitter und scharf.

Ein vollmundiger Geschmack entsteht, wenn alle Hauptgeschmacksrichtungen harmonisch in einem Gericht vereint sind.

Wenn ich etwas abschmecke, gehe ich alle Geschmacksrichtungen durch, ob sie in der Speise vorhanden sind. So kann ich herausfinden, was noch fehlt, um die Speise geschmacklich abzurunden. Wenn ein Gericht zum Beispiel salzig (nicht versalzen) schmeckt, kann man es mit etwas Süßem wie einem Hauch Honig oder etwas Saurem wie einem Spritzer Zitrone oder etwas Scharfem wie ein bisschen Senf ausgleichen, oder vielleicht passen sogar alle drei Geschmäcker.

DIE GESCHMACKSRICHTUNGEN

Sauer
Brottrunk, Buttermilch, eingelegtes Gemüse, Essig, Frischkäse, Grapefruit, Hagebutte, Hibiskustee, Joghurt, Limette, Orange, Sanddorn, Sauerampfer, Sauerkraut(-saft), Sauermilch, Sauerrahm, Topfen, Tomaten, trockener Weißwein, Ume Su, Zitrone

Bitter
Beifuß, Brunnenkresse, Chicorée, Dill, Estragon, gesprosste Saaten und Keimlinge, Grapefruit, Kaffee, Kakao, Koriandergrün, Kurkuma, Lavendel, Leinsamen, Liebstöckel, Löwenzahn, Majoran, Mariendistelsamen, Mohn, Paprika edelsüß, Petersilie, Pfefferminze, Pimpinelle, Rucola, Rosmarin, Rotwein, Salbei, Schwarzer Tee, Selleriegrün, Spargel, Tausendguldenkraut, Waldmeister, Wermut, Wildkräuter, Ysop, Zitronenmelisse

Süß
Apfeldicksaft, Fruchtsäfte, Honig, Melasse, Obers (von Kuhmilch, Soja oder Hafer), Sirupe von Blüten/Kräutern/Wild-Früchten, süße und vollreife Früchte, Trockenfrüchte, Voll-Zucker, Wurzelgemüse wie Karotten, Pastinake, Petersilie

Scharf
Cayennepfeffer, Chili, Curry, Galgant, Gartenkresse, Ingwer (v. a. getrockneter), Kapuzinerkresse, Kardamom, Knoblauch, Koriander, Kren, Kreuzkümmel, Lorbeer, Majoran, Oregano, Pfeffer, Radieschen, Rosmarin, Saaten, Schnittlauch, Schnittknoblauch, Senf

Salzig
Salz, Salzsole, Sojasauce (Shoyu), Ume Su

Liebe (?!) im Essen

Falt die Hände zusammen.
Komm ganz zu dir.
Werde still.
Lass die Zeit einfrieren,
einen Moment bist du ganz bei dir,
atmest und lässt alles ruhen.
Bis das Licht erstrahlt in dir.
Dann dreht sich weiter deine Welt.
Für dich, mit dir.
Erfüllt mit Liebe, ganz bei dir.

Martina Pauzenberger

Oft wird das Thema Liebe mit einem eher spöttischen Beigeschmack verwendet. Schnell wird man belächelt, wenn man von Liebe in verschiedenen Dingen des Lebens spricht.
Doch ist es keineswegs ein Thema, das zu belächeln ist.
Wir kommen aus der Liebe und gehen in die Liebe. Sie ist die stärkste Kraft im Universum. Und sie ist sehr oft unser Antrieb, unser Lebensmotor. Entweder weil wir lieben und unsere täglichen Dinge gerne tun oder weil wir Liebe haben wollen und vieles dafür tun, um Liebe und Anerkennung zu bekommen. Darum ist es gut, wenn wir von Zeit zu Zeit reflektieren, was wir mit/ ohne Liebe in unserem Alltag machen. Arbeite ich nur, um Geld zu verdienen? Bin ich mit meinem Partner zusammen, weil ich ihn liebe oder weil ich ihn gewöhnt bin? Schlucke ich etwas hinunter, was mir auf der Zunge liegt, um niemanden aufzuregen, statt meinem Bedürfnis nach Aussprache Raum zu geben?

 Ich denke, wir sind auf der Welt, um zu leben, um zu lieben. Wir sollten mehr auf unser Herz hören.

Wir sollten überhaupt einmal auf unser Herz hören. Mir ist aufgefallen, dass viele Menschen um uns herum so beschäftigt sind mit, nennen wir es jetzt einmal *Unwichtigkeiten*, dass sie das Gefühl für ihre Talente und Fähigkeiten, das Gefühl für ihr Herz, das Gefühl für ihre innersten Wünsche vollkommen verloren haben. Sie übertönen es mit ihrem lauten Gedankenwirrwarr über Dinge, die ihnen nicht guttun, oder Dinge, die sie nicht brauchen, oder Dinge, die sie tun, obwohl sie sie weder brauchen noch wollen. Auch hier spiegelt sich die Achtsamkeit wider.

Achte auf dein Inneres, was will uns die Stimme in uns sagen? Was brauchen wir? Was wollen wir? Reflektieren wir darüber und treffen wir eine bewusste Entscheidung. Sie muss nicht hochtrabend sein. Ein einfaches, jedoch klares (!!) Ja oder Nein, will ich oder mag ich oder nicht, genügt. Und im Anschluss eine Handlung. Wir können die ganze Welt durchdenken, hundertfach. Ohne dass wir eine Handlung setzen, ist unsere *Denkerei*, unser großes Gerede, nichts wert. Gar nichts.

 Dies trifft auch auf die Liebe zu.

Wir können zwar von Liebe reden, wenn wir jedoch nichts dafür tun, nichts bewegen, hat all dies keinen Wert. Wir sind hier, um zu leben. Um Dinge ins Leben zu bringen. Ich denke, das ist unser größter Prüfstein auf der Erde. Was bringen wir ins Leben? Wie kompatibel ist es mit der heutigen Welt? Mit unserer Realität?

Ich denke, viele von uns verstecken sich, zumindest in so manchen Lebensbereichen. Wir verstecken uns hinter Gurus, hinter Fassaden, hinter falschen Beziehungen, hinter tollen Autos und oberflächlichen Freundschaften …

Grundsätzlich sind schöne Dinge wie Kleidung, Häuser, Autos, Freunde und spirituelle Entwicklung wunderbar und ein wichtiger Teil unserer Welt. Sie sollen uns nur nicht daran hindern, wir selbst zu sein. Unsere Welt ist oftmals schon anspruchsvoll genug. Da ist es doch wunderbar, wenn wir wenigstens darauf vertrauen können, dass das Essen, das uns erdet, runterbringt, nährt, sättigt und hoffentlich wohltut, auch Liebe schenkt. Und wir mit dem Zubereiten von Nahrung in Harmonie und Bewusstheit uns selbst Liebe schenken, oder anderen, wenn wir für sie kochen.

Ist liebevolles, achtsames Kochen ein Akt der Selbstliebe?
Für mich schon.

> Nur so viel,
> so weit,
> so tief,
> so innig, wie wir uns selbst lieben können,
> so können wir auch andere Menschen lieben.

Martina Pauzenberger

Vom Segnen, Gern-Tun und Beten

Kochen und essen kann genauso eine Art von Meditation sein. Das Zentrieren beim Schneiden, Schälen, Umrühren holt uns ins Hier und Jetzt. Es verbindet uns mit unserer Nahrung und mit uns selbst. Und genau da gehören wir ja schließlich hin.

 Atmen wir dabei noch ruhig mit, ist das Regeneration pur.

Sobald wir im Moment angekommen sind, wird es auch ein Leichtes, das gern zu tun, was wir tun, weil es ein Schaffensprozess ist und weil wir, sobald wir im Hier und Jetzt sind, keine negativen Gedanken über etwas haben, was Vergangenheit oder Zukunft betrifft – einfach weil wir *im Moment sind*.

Wenn du also das nächste Mal zu kochen beginnst, stell dich kurz hin. Atme 3–4 Mal tief ein und aus und werde dir bewusst, dass ausschließlich der jetzige Moment zählt. Alles, was vorher war und nachher ist, ist nicht relevant. Werde ruhig und beginne. Lass es fließen.

Selbst wenn es nur ein Butterbrot mit Schnittlauch ist. Lass die Liebe auf dein Teller, in deine Hände, dein Herz und deinen Bauch und schau zu, was sie mit dir und deinem Leben macht. Und wenn du fertig bist, dann danke. Sag einfach einmal danke. Danke, dass es mich gibt. Danke für dieses großartige Gericht, es hat mich genährt, gesättigt, gibt mir Kraft.

Eine weitere schöne Möglichkeit ist es, dein Essen mit Licht zu fluten. Stell dir beim Kochen oder vor dem Servieren vor deinem inneren Auge vor, wie dein Essen im Topf oder am Teller in gleißendem, weißem Licht leuchtet und strahlt, funkelt und glänzt.

Auch das Beten darf hier seinen Platz finden. Im Gebet können wir danken für die Geschenke des täglichen Lebens, für die Menschen um uns herum und für das gute Essen vor uns. Beten soll stimmig sein. Für jeden so, wie er es braucht oder mag. Zum Beten muss man nicht religiös sein. Für mich ist das Göttliche in jedem von uns – somit brauchen wir uns nur in uns kehren und beginnen zu beten.

Rezepte

MEDITATIONSIMPULSE FÜR DIE REZEPTE

Kochen und Meditation – geht das? Ja, denn Meditation bedeutet, im Moment zu sein und jeden Augenblick wahrzunehmen. Kochen ist eine wunderbare Tätigkeit, bei der man die Bewusstheit leben kann.

Die Rezepte werden als **eifrei / glutenfrei / zuckerfrei** – *bedeutet ohne raffinierten Zucker* **/ laktosefrei / vegan / sojafrei** markiert.

MEINE KOMPROMISSE

Grundsätzlich ist es mir wichtig, so nachhaltig wie möglich zu arbeiten. Es gibt jedoch einige Lebensmittel, die ich in Bio-Qualität als Kompromiss punkto Regionalität sehe. Entweder weil ich den Geschmack liebe oder weil sie für mich zur Erhaltung meiner Gesundheit und meines Wohlbefindens dienen. Dazu zählen Gewürze, Zitrusfrüchte, Bananen, Ume su und gute Sojasauce.

VIELSEITIG KOCHEN

Für mich müssen Rezepte praxisnah, einfach umsetzbar und lecker sein. Ich möchte mit dem, was ich zuhause habe, ein gesundes, schmackhaftes Gericht zaubern. Weiters möchte ich mit vorwiegend saisonalem Obst und Gemüse arbeiten. Das heißt, du kannst nach deinen Vorlieben die Rezepte jederzeit abändern.

 Denn jeder is(s)t anders.

Das ist auch gut so und deshalb ist es schön, wenn ich dir vielleicht einen Anstoß zum Ausprobieren von Neuem geben darf oder dich für ein spannendes Gericht motivieren kann. Weiters gibt es bei einigen Rezepten Ideen für abgewandelte Varianten.

MILCH UND OBERS

In meinen Rezepten verwende ich die Bezeichnung Milch für alle Arten von Milch, also auch die alternativen Drinks aus Reis, Hafer, Mandel, Soja und Co. – bitte wähle dein bevorzugtes Produkt. Bei der Bezeichnung Obers sind auch die veganen Varianten aus Hafer oder Soja gemeint!

Bei Rezepten, wo Geschmack oder Konsistenz von der Art der Milch beeinflusst werden, habe ich die jeweilige (Milch-)Variante angegeben.

Viel Spaß beim achtsamen Genuss!

Süßer Leinöltopfen mit Früchten

Prima zum Vorbereiten am Vortag – oder ein geniales Sonntags-Familien / Freunde-Frühstück, wenn man die verschiedenen Zutaten in Schüsseln zum Selbernehmen bereitstellt! Es ist auch ein tolles Frühstück zum Mitnehmen. Es sättigt sehr gut, ohne unnötig zu belasten.

ZUTATEN FÜR 2 PORTIONEN

› 125 g Topfen vollfett
› 3 EL Leinöl
› 2 EL Buttermilch
› 2 EL geschroteter Leinsamen
› 1 Handvoll Obst nach Saison und Vorlieben (Äpfel, Birnen, Erd-beeren, Himbeeren, Bananen ...)
› 2 EL Nüsse
› 1 EL Sonnenblumenkerne
› 1 Prise Zimt
› 1 Prise Kardamom
› 1 Prise Vanille
› 1 Prise Salz

SO GELINGT'S

Den Topfen mit Leinöl und Buttermilch cremig rühren. Das Obst für den Obst-salat schneiden, eine Prise Salz zugeben. Anschließend die Schüsseln bereitstellen und die Zutaten wie folgt hineingeben: das Topfen-Leinöl-Gemisch, den Obstsalat, Leinsamen, Nüsse, Kerne und die Gewürze. Als Dekoration können z. B. Apfelspalten oder einige Beeren dienen.

Wenn man das Frühstück am Vortag vorbereitet, sollte man das Obst unten in die Schüssel hineingeben und die Topfen-Leinöl-Masse darauf-schichten. So bleibt das Obst schön frisch und behält die Farbe!

eifrei / glutenfrei / zuckerfrei

Polentabrei

Cremig, abwandelbar, sättigend und wunderschön in der Farbe!

SO GELINGT'S

Das gesalzene Wasser erhitzen und die Polenta darin verrühren, bis sie gequollen ist. Mit der Butter und den restlichen Gewürzen vermengen und mit klein geschnittenen, getrockneten Zwetschken bestreut servieren. Wer's mag, kann einen Spritzer Obers darübergeben.

ZUTATEN FÜR 2 PORTIONEN

› 400 ml Wasser
› 5 EL Polenta (Maisgrieß)
› 1 Prise Salz
› 1–2 EL Butter
› 1 kräftige Prise Zimt
› 1 kräftige Prise Vanille
› 2–3 Stück
  getrocknete Zwetschken
› 1 Spritzer Obers

eifrei / glutenfrei / zuckerfrei / sojafrei

Hirsebrei mit Mandelmus

Das ist ein superschnelles Frühstück. Wenn du den Brei einige Minuten ein-köcheln lässt, wirst du merken, dass er eine natürliche Süße bekommt.

ZUTATEN FÜR 2 PORTIONEN

› 300 ml Reismilch
› 6 EL Hirseflocken
› 2 EL Butter
› 1 Prise Vanille
› 1 Prise Kardamom
› 1 Prise Salz
› 2 EL Mandelmus
› bei Bedarf mit 1 TL Honig süßen

SO GELINGT'S

Die Milch mit den Hirseflocken vorsichtig unter Rühren erhitzen. Die Gewürze dazuge-ben. Wenn die Flocken einzudicken begin-nen, das Mandelmus und die Butter zuge-ben. Der Brei ist fertig, wenn er eine cremige Konsistenz hat.

Dazu passen: Obstsalat, Apfelkompott, fri-sche Beeren wie Heidelbeeren, Himbeeren ...

Im Brei ein paar Rosinen oder andere Trockenfrüchte mitköcheln, so spart man sich zusätzliche Süßungsmittel!

eifrei / glutenfrei / zuckerfrei /
laktosefrei / sojafrei

Power-Smoothie

Der Power-Smoothie ist ein grandioser Start in den Tag (vor allem im Sommer!), weil er schnell geht, frisch ist und viel Kraft spendet!

SO GELINGT'S

Das Obst, die Zitrone ohne Schale, das Gerstengras, Cayennepfeffer/Galgant, Salz und Wasser gut im Mix-Glas oder mit dem Pürierstab pürieren, bis alles eine feine Struktur hat.

Variante:
› 1–2 EL Erdmandeln oder 1–2 EL gemahlene Braunhirse oder 1 Handvoll Grünzeug, am besten aus dem Garten (Salatblätter, frisches Basilikum, Brennnesselblätter, Spinat ...)
› 1–2 EL Leinöl oder 1 EL Hanfsamen

ZUTATEN FÜR 2 PORTIONEN
› 1 Banane
› 3 Äpfel mittelgroß oder 3 Handvoll anderes Obst nach Saison
› ½ Zitrone
› 1 TL Gerstengras-Pulver
› 1 Msp. Cayennepfeffer und/oder Galgant
› 1 Prise Salz
› 125 ml Wasser

Ich liebe diesen Power-Smoothie, weil er mir immer einen ordentlichen Energieschub gibt. Das Gerstengras ist ein absoluter Kickstart für deinen Körper!

eifrei / glutenfrei / zuckerfrei / laktosefrei / vegan / sojafrei

Süßes Hirse-Omelett

Am besten werden kleine Omeletts geformt, so lassen sie sich gut wenden und man kann auch ohne Ei ein leckeres Frühstück zaubern.

ZUTATEN FÜR 2 PORTIONEN

› 130 g Hirseflocken
› 100 g Apfelmus (oder 2 Eier)
› 200 ml Milch
› 1 Prise Salz
› etwas Öl für die Pfanne
› 1 Msp. Vanille (für eine pikante Version durch Petersilie ersetzen)

Belag:
› 1 TL Rosinen dem Teig hinzufügen oder
› 2–3 EL Marmelade oder
› 1 Handvoll frische Früchte und etwas Honig

SO GELINGT'S

Hirseflocken mit Milch, Salz und Apfelmus oder Eiern verrühren und ca. 20 Minuten rasten lassen. Anschließend in einer Pfanne mit etwas Öl kleine Omeletts formen. Eventuell mit ein paar darübergestreuten Rosinen backen, anschließend mit Marmelade bestreichen oder mit frischen Früchten belegen und etwas Honig dazu reichen.
Dazu passen: Birnenkompott, Apfelkompott
Variante: Es kann auch als pikante Palatschinke mit Gemüse gefüllt und mit etwas Käse gratiniert werden!

Omelett oder Palatschinken muss man genug Zeit geben, bis sie sich selbst von der Pfanne ablösen, dann lassen sie sich meist ganz leicht wenden.

eifrei / glutenfrei / zuckerfrei / vegan / sojafrei

Birnen- oder Apfel-Kompott

Für Groß und Klein. Vor, zu oder nach dem Essen.
Leicht bekömmlich und lecker.

SO GELINGT'S

Das Obst schälen, entkernen und in Scheiben schneiden. In einem Topf mit dem Wasser/Apfelsaft, Salz, Zimtstange und Zitronen-/Orangensaft kurz aufkochen und leicht überkühlen lassen.

Wer mag, kann ein paar Hagebutten mitkochen. Das Kompott kann ganz einfach zu einem Mus püriert werden.

Passt perfekt zu: jedem Brei, süßen Hirsepalatschinken und als leicht verdauliches Dessert oder Zwischenmahlzeit!

ZUTATEN FÜR 2 PORTIONEN

› 4 Birnen oder Äpfel
› 100 ml Wasser oder Apfelsaft
› 1 Prise Salz
› ½ Zimtstange
› 1 Spritzer Zitronen- oder Orangensaft
› ev. 1 TL Honig
› ev. 2–3 getrocknete Hagebutten

Hol dir die Zutaten und die wichtigsten Utensilien für das Kompott her.

› Besinne dich kurz, indem du ein, zwei Mal bewusst atmest.
› Nimm eine Birne in die Hand. Halte sie ganz einfach und betrachte die Birne. Wie ist die Form, wie ist ihre Oberfläche? Wie groß ist sie? Rieche an ihr.
› Wenn du möchtest, geh einen Schritt weiter und fühle sie. Wie fühlt sich die Birne an? Hat sie eine Ausstrahlung, eine Aura, die du in deiner Handfläche wahrnimmst?
› Atme ruhig weiter und dann beginne mit dem Zubereiten.

eifrei / glutenfrei / zuckerfrei /
laktosefrei / vegan / sojafrei

Pikante Gemüse-Eierspeis'

Sättigt gut, ist warm und geht auch zu jeder anderen Tageszeit als g'schmackiges Gericht!

ZUTATEN FÜR 2 PORTIONEN

› 2–3 cm Lauch
› 3–4 getrocknete Tomaten/ Cocktailtomaten
› 4–5 Scheiben Zucchini
› 2–3 braune Champignons
› 3–4 EL Öl
› 4 Eier oder 120 g Tofu zerbröselt
› 1 Prise Salz
› 1 kräftige Prise Pfeffer
› 6–7 Blätter Basilikum frisch oder ½ TL getrocknet
› etwas Petersilie frisch oder getrocknet
› 1–2 Msp. Kurkuma
› 2 Scheiben Brot
› etwas Butter

SO GELINGT'S

Das geschnittene Gemüse im Öl anbraten, die Eier zugeben, würzen und schwenken, bis die Eier gestockt sind. Mit etwas Basilikum und Petersilie bestreuen und mit einem Butterbrot servieren.

Variante: Du kannst das Gemüse nach Belieben ergänzen/austauschen mit Oliven, Paprika, (wilden) Kräutern ...

zuckerfrei

Nach dem Kochen geht es ans Essen, Genießen, Entspannen und Wohlfühlen.

› Nimm Platz und wenn dein Teller vor dir steht, lege deine Hände neben dein Teller, als würden deine Handflächen eine Seifenblase um das Teller halten.

› Stell dir vor, wie zwischen deinen Händen Energie zu fließen beginnt.

› Stell dir vor, wie die Energie eine bestimmte Farbe hat und wenn du fühlst, dass der Fluss zwischen deinen Händen ausgeglichen ist, also harmonisch, dann bedanke dich still und genieße!

Kartoffelkäse mit Buttermilch

Der Kartoffelkäse ist ein sehr beliebter und leckerer Aufstrich. Er kann jederzeit schnell von bereits vorgekochten oder übrig gebliebenen Kartoffeln gemacht werden.

ZUTATEN FÜR 2 PORTIONEN

› 4 Kartoffeln
  in Salzwasser gekocht
› 100 ml Buttermilch
› 1 Prise Salz
› 1 Prise Pfeffer
› 2 EL Leinöl
› 1 Msp. Kurkuma
› 1 kl. rote Zwiebel
› etwas Ume su
› 1 EL Schnittlauch

SO GELINGT'S

Die gekochten, überkühlten Kartoffeln auf einer Standreibe fein reiben. Mit Buttermilch verrühren und würzen. Die rote Zwiebel klein schneiden und mit etwas Ume su vorfermentieren. Anschließend zum Kartoffel-Gemisch geben. Den fertigen Aufstrich mit klein geschnittenem Schnittlauch bestreuen.

eifrei / glutenfrei / zuckerfrei / sojafrei

Hummus - Kichererbsenaufstrich

Lecker und sättigend. Mit hochwertigem Eiweiß!

SO GELINGT'S

Kichererbsen ca. 12 Stunden bedeckt in Wasser einweichen und dann kochen (ca. 40 Minuten). Zu den leicht überkühlten Kichererbsen Salz, Öl, Ume su, Kräuter, Gewürze und etwas Wasser geben und mit dem Pürierstab fein pürieren.

Variante: 2–3 getrocknete und klein geschnittene Tomaten mitpürieren.

ZUTATEN FÜR 2 PORTIONEN

› 100 g Kichererbsen roh
› Wasser zum Einweichen und Kochen
› 1 Prise Salz
› 1 Schuss Ume su
› 5–6 EL Öl
› 3 EL gehackte Petersilie, Liebstöckel und/oder Oregano
› 2–3 Msp. Kurkuma
› 1 Prise Kardamom
› 1 Prise Galgant
› 1 kl. Knoblauchzehe
› etwas Wasser
› ev. Chilipulver

Hummus ist toll als Aufstrich, wer mag, kann ihn auch einfach nur löffelweise oder leicht angewärmt zu einer Gemüsepfanne essen. Der Kreativität sind dabei keine Grenzen gesetzt. Durch das hochwertige Eiweiß der Kichererbsen, die Kräuter und das Öl ist dies ein gut sättigendes Gericht, das richtig viel Power gibt und im Kühlschrank einige Tage hält!

eifrei / glutenfrei / zuckerfrei / laktosefrei / vegan / sojafrei

Pikanter Topfenaufstrich mit Ei

Ein schneller und g'schmackiger Aufstrich, den auch Kinder sehr gerne haben.

ZUTATEN FÜR 2 PORTIONEN

› 130 g Topfen
› 80 g Sauerrahm oder Joghurt
› 2 gekochte Eier
› 1 Prise Salz
› 1 Prise Pfeffer
› etwas Muskatnuss oder Macis
› 1 Msp. Kümmel gemahlen
› 1 Msp. Koriander gemahlen
› 1 EL Sonnenblumenöl
› 1 Spritzer Essig
› ½ TL Senf scharf
› 1 EL Petersilie

SO GELINGT'S

Die gekochten, geschälten Eier zerkleinern und mit den restlichen Zutaten zu einem Aufstrich rühren. Den Aufstrich abschmecken und ca. 20–30 Minuten ziehen lassen.

glutenfrei / zuckerfrei / sojafrei

Karotten-Kren-Aufstrich mit Apfel

Pikant, fruchtig, süß-scharf und sehr lecker!

SO GELINGT'S

Die Karotte schälen und fein reiben. Den
Apfel ebenfalls fein reiben. Anschließend
Topfen, Sauerrahm, Kren, Karotte, Apfel und
Gewürze vermengen und abschmecken.
Mit dem fein geschnittenen Schnittlauch
bestreuen.

ZUTATEN FÜR 2 PORTIONEN

› 100 g Topfen
› 80 g Sauerrahm oder Joghurt
› 1 TL Kren gerieben (oder
  1 TL Tafelkren aus dem Glas)
› 1 kl. Karotte
› ¼ eines Apfels
› 1 Prise Salz
› 1 Msp. Galgant
› 1 Msp. Cayennepfeffer
› 1 Prise Koriander gemahlen
› 1 Prise Kümmel gemahlen
› 1 EL Schnittlauch

eifrei / glutenfrei / zuckerfrei / sojafrei

Roter Linsenaufstrich

Eine vegane Aufstrich-Variation. Prima zum Vorbereiten.
Abwechslungsreich zu würzen.

ZUTATEN FÜR 2 PORTIONEN

› 130 g rote Linsen
› 200 ml Wasser
› 1 Prise Salz
› 1 Prise Kardamom
› 1 Prise Kreuzkümmel gemahlen
› 1 Prise Muskatnuss oder Macis
› 4–5 EL Sonnenblumenöl
› 1 TL Petersilie
› 1 TL Zitronenthymian
› 1 Spritzer Zitronensaft

SO GELINGT'S

Die Linsen in ungesalzenem Wasser gar kochen, abseihen und kurz überkühlen lassen. Mit Salz, Kardamom, Kreuzkümmel und Muskatnuss/Macis würzen. Mit dem Öl, Petersilie, Zitronenthymian und Zitronensaft pürieren und fertig abschmecken.

eifrei / glutenfrei / zuckerfrei / laktosefrei / vegan / sojafrei

Grüner Kräuteraufstrich

Wunderschön. Mit allem was ein Kräuter-Garten oder eine wilde Wiese zu bieten hat!

SO GELINGT'S

Topfen, Sauerrahm/Joghurt und das Öl miteinander verrühren. Mit Salz und Ume su würzen und die klein gehackten Kräuter hinzufügen.

ZUTATEN FÜR 2 PORTIONEN

› 150 g Topfen
› 100 g Sauerrahm oder Joghurt
› 3 EL Kürbiskernöl
› 1 EL Hanföl
› 1 Handvoll frische Kräuter (Schnittlauch, Petersilie, Rucola, Zitronenthymian, Basilikum, Bohnenkraut, Oregano, Brennnessel, Löwenzahnblätter, ...)
› 1 Prise Salz
› 1 Spritzer Ume su

eifrei / glutenfrei / zuckerfrei / sojafrei

Pesto

Kann schnell und in kleinen Mengen hergestellt werden – so ist es immer frisch und man kann zum Beispiel einen kurzfristigen Kräuterüberschuss aus dem Garten länger aufbewahren.

ZUTATEN FÜR 1 GLAS 200 ml

› ca. 4 Handvoll Basilikum, Bärlauch, Liebstöckel, Petersilie, Schnittknoblauch, Rucola ... oder was man sonst noch an frischen Kräutern hat (am besten gemischt)
› 150 ml Hanf-, Raps- oder Sonnenblumenöl gemischt
› 2–3 Prisen Salz
› **Wer's mag**: gehackte Nüsse/ Sonnenblumenkerne oder etwas Bergkäse/Parmesan

SO GELINGT'S

Die sauberen Kräuter mit Öl, Salz und ev. Nüssen fein pürieren, in saubere Gläser mit Schraubverschluss füllen und gekühlt lagern.

Die Haltbarkeit wird etwas verlängert, wenn das Pesto immer mit einem sauberen Löffel herausgenommen wird bzw. die oberste Schicht immer mit etwas Öl bedeckt ist.

Um das Pesto ganz einfach und schnell über einer Speise verteilen zu können, schüttelt man 2–3 EL Pesto mit Öl in einem kleinen Gläschen auf. Dies ist auch sehr dekorativ!

eifrei / glutenfrei / zuckerfrei / laktosefrei / vegan / sojafrei

Basensuppe

Die Basensuppe ist ein prima Start in den Tag. Sie reduziert Heißhunger auf Süßes und gibt Kraft. Des Weiteren ist sie ein grandioses, warmes „Vorfrühstück" in der kühleren Jahreszeit.

ZUTATEN FÜR 1,2 LITER

› 3–4 Handvoll Gemüse (Karotten, gelbe Rüben, Sellerie, Pastinaken, Zwiebeln, Stangensellerie …)
› einige Blätter frischen Liebstöckel
› 3–4 Bockshornkleesamen
› 3–4 Pfefferkörner
› etwas Kümmel, Fenchelsamen
› ein kleines Stück Ingwer
› 2–3 Knoblauchzehen
› ca. 2,5 l Wasser
› 1 Schuss Sojasauce (Shoyu)
› 1 Schuss Ume su
› 2–3 EL Suppenkräuter (Petersilie, Schnittlauch, getrockneter Knoblauch, getrockneter Ingwer)
› ev. einige Tropfen Chiliöl

SO GELINGT'S

Das Gemüse ein paar Mal durchschneiden und in einen Topf mit Wasser geben. Alle weiteren Zutaten zufügen und bis zu drei Stunden vorsichtig, halb zugedeckt dahinköcheln. Anschließend das Gemüse abseihen und die Basensuppe abkühlen lassen bzw. unbedingt im Kühlschrank lagern.

Im Kühlschrank hält sie bis zu einer Woche und kann in der Früh als Basensuppe getrunken oder als Grundlage für Saucen verwendet werden. Die Suppe wird immer portionsweise erwärmt – nicht aufgekocht, mit etwas Sojasauce, Ume su, Suppenkräutern und wer mag 1–2 Tropfen Chiliöl abgeschmeckt und gelöffelt.

eifrei / glutenfrei / zuckerfrei / laktosefrei / vegan

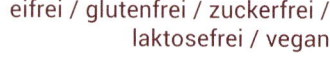

Kürbis-Pastinaken-Suppe

Wärmend und leicht süßlich. Ein perfektes Herbst-Winter-Gericht.

SO GELINGT'S

Zwiebel und Knoblauch schälen und schneiden und in Öl anbraten. Klein geschnittenen Hokkaidokürbis mit Schale und klein geschnittene, geschälte Pastinake zu den Zwiebeln geben und kurz mitbraten. Das Gemüse mit Suppenwürze und den Gewürzen bestreuen, umrühren und mit heißem Wasser aufgießen. Die Suppe einige Minuten köcheln lassen, bis das Gemüse weich genug ist. Anschließend mit dem Pürierstab pürieren und nochmals abschmecken (Cayennepfeffer, Salz, Liebstöckel, Petersilie ...). Mit einem kräftigen Schuss Obers verfeinern.

ZUTATEN FÜR 2 PORTIONEN

› 1 kl. Zwiebel
› 2 Knoblauchzehen
› 2 EL Sonnenblumenöl
› 280 g Hokkaidokürbis
› 1 kl. Pastinake
› etwas Suppenwürze
› 1 Prise Salz
› 1 Msp. Galgant
› 1 Msp. Koriander
› 2–3 Msp. Kurkuma
› 700 ml heißes Wasser
› 1 Msp. Cayennepfeffer
› 1–2 Blätter Liebstöckel
› 1 EL Petersilie frisch oder getrocknet
› 2–3 EL Obers
› ev. 1 Schuss Kürbiskernöl

Wer mag, kann die Kürbis-Pastinaken-Suppe mit einem Schuss Kürbiskernöl servieren.

eifrei / glutenfrei / zuckerfrei / sojafrei

Spargel-Kartoffel-Suppe

Ein Klassiker in der Spargelsaison ist diese Suppe, verfeinert mit Kartoffeln.

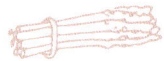

ZUTATEN FÜR 2 PORTIONEN

› 4 Stangen weißer Spargel
  (ca. 1,5 cm Durchmesser)
› 2 Kartoffeln mittelgroß
› 4 cm Lauch
› 2 EL Sonnenblumen- oder Rapsöl
› 70 ml trockener Weißwein
› 1 Msp. Kurkuma
› 1 Msp. Ingwer getrocknet
› etwas Muskatnuss
› 1 Lorbeerblatt
› 750 ml Wasser oder
  Gemüsebrühe
› 1 Prise Salz
› 1 Prise Pfeffer
› ev. etwas Obers

SO GELINGT'S

Den Spargel im unteren Drittel schälen, die trockenen Enden abschneiden und die Stangen einige Male durchschneiden. Die Kartoffeln schälen und einige Male durchschneiden. Den Lauch waschen und schneiden. In einem Topf etwas Öl erwärmen und Lauch, Spargel und Kartoffeln kurz darin anschwitzen. Mit dem Wein aufgießen und die Gewürze Kurkuma, Ingwer und Muskatnuss zugeben. Anschließend mit heißem Wasser aufgießen und ca. 15–20 Minuten köcheln lassen. Mit Salz und Pfeffer würzen, das Lorbeerblatt entfernen und mit dem Pürierstab fein pürieren. Wer es mag, kann einen Schuss Obers hinzufügen.

Wer für eine Suppe das Wasser schon vorher im Wasserkocher aufkocht, kann einige Minuten Zeitersparnis herausholen. Weiters wird über das heiße Wasser mehr Wärme-Energie ins Essen gebracht!

**eifrei / glutenfrei /
zuckerfrei / sojafrei**

Kräuterseitling-Kartoffel-Suppe

Kartoffeln und Pilze harmonieren sehr gut! Wenn die Kräuterseitling-Kartof-fel-Suppe nicht püriert wird, erhält sie eine tolle Konsistenz, bei der man die individuellen Bestandteile sehr schön schmeckt.

SO GELINGT'S

Die Kartoffeln schälen und klein schneiden. Die Kräuterseitlinge klein schneiden. Die Zwiebeln schälen und klein schneiden. In einem Topf mit etwas Öl die Zwiebeln, die Pilze und die Kartoffeln anschwitzen. Etwas Honig auf die Pilze geben und mitschwitzen lassen. Lorbeerblatt und Salz hinzufügen. Anschließend mit Wasser/Gemüsebrühe übergießen und ca. 20 Minuten leicht kö-cheln lassen. Noch einmal mit den restli-chen Gewürzen abschmecken und ohne zu pürieren servieren.

ZUTATEN FÜR 2 PORTIONEN

› 2 Kartoffeln (mehlig) mittelgroß
› 4–5 Kräuterseitlinge
› 1 kl. rote Zwiebel
› 3 EL Raps- oder Sonnenblumenöl
› ½ TL Honig
› 750 ml Wasser oder Gemüsebrühe
› 1 Lorbeerblatt
› 1 Prise Salz
› 1 Prise Pfeffer
› 1 Msp. Kurkuma
› 1 kräftige Prise Majoran

eifrei / glutenfrei / zuckerfrei / laktosefrei / vegan / sojafrei

Suppen

Gemüsebrühe

Geht schnell. Ist gut für den Bauch und kann mit verschiedensten Suppeneinlagen genossen werden.

ZUTATEN FÜR 4 PORTIONEN

› 1,8 l Wasser
› 2 Handvoll Gemüse (Zwiebeln mit Schalen, Knoblauch, Sellerie, Pastinake, Petersilwurzel, Lauch, gelbe Rüben ...)
› 1–2 schwarze Pfefferkörner
› 1 kl. Stück Ingwer
› einige Blätter Liebstöckel
› ev. einige Brennnesselblätter
› 1 Prise Salz
› 1 Msp. Kurkuma
› ev. 1–2 EL Öl
› 1 EL Schnittlauch oder Schnittknoblauch
› 1 Lorbeerblatt

SO GELINGT'S

Wer ein intensiveres Aroma möchte, kann zuerst in etwas Öl das Gemüse kurz anbraten, anschließend mit heißem Wasser aufgießen, die Gewürze zugeben und alles ca. 25 Minuten köcheln lassen. Anschließend nochmals abschmecken und mit geschnittenem Schnittlauch oder Schnittknoblauch bestreut servieren.

Dazu passen: Dinkel-Backerbsen, Buchstaben-Nudeln, Schöberl, Frittaten ...

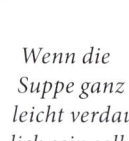

Wenn die Suppe ganz leicht verdaulich sein soll, dann die Röstaromen, also das Anbraten des Gemüses, vermeiden und das Gemüse einfach ins Wasser geben und aufkochen!

eifrei / glutenfrei / zuckerfrei / laktosefrei / vegan / sojafrei

Vegetarischer Krautstrudel

Ein tolles, vielseitiges und buntes Gericht, das geschmacklich einiges zu bieten hat!

SO GELINGT'S

Für den **Strudelteig** alle Zutaten rasch zu einem Teig verarbeiten und den Teig 10 Mal auf der Arbeitsfläche kneten und dann auf die Arbeitsfläche schlagen (wieder jeweils 10 Mal). Der Strudelteig ist fertig, wenn die Oberfläche schön glatt ist und ein wenig glänzt. Den Strudelteig mit etwas Öl bestreichen und ca. 30 Minuten kühl und zugedeckt rasten lassen.

Für die **Fülle** das Weißkraut klein schneiden und in kochendem Salzwasser kurz blanchieren (oder mit heißem Wasser aus dem Wasserkocher kurz überbrühen). Die Zwiebeln, die Kartoffel und den Knoblauch schälen, klein schneiden und in etwas Öl kurz und scharf anbraten. Das Weißkraut ebenfalls kurz mitbraten. Mit Salz, Kümmel, Oregano und Pfeffer würzen und mit einem Schuss Obers abschmecken. Die überkühlte Fülle auf dem ausgezogenen bzw. ausgerollten Strudelteig verteilen, zusammenrollen – zuerst links und rechts einschlagen und dann von oben nach unten einrollen – und im Backrohr bei 180 °C ca. 35 Minuten goldgelb backen.

ZUTATEN FÜR 2 PORTIONEN

Strudelteig:
› 1100 g Dinkelmehl fein
› 40 g Dinkelvollkornmehl
› 50 ml lauwarmes Wasser
› 2 EL Öl
› 1 EL Apfelessig
› 1 Prise Salz

Fülle:
› 250 g Weißkraut
› 2 EL Öl
› 1 kl. Zwiebel
› 2–3 Knoblauchzehen
› 1 Kartoffel
› 1 Prise Salz
› 1 kräftige Prise Pfeffer
› etwas Kümmel
› 1 kräftige Prise Oregano
› etwas Obers

Dazu passen gekochte Kartoffeln, ein Kräuter-Joghurt-Dip oder frischer Salat

eifrei / zuckerfrei / sojafrei

Pikante, gratinierte Vollkornpalatschinken

Palatschinken gehen immer. Ob süß oder pikant oder als Frittaten in die Suppe. Ein tolles Gericht, das auf jede Jahreszeit und jede Vorliebe abgestimmt werden kann.

ZUTATEN FÜR 2 PORTIONEN

Palatschinkenteig:
› 40 g Vollkornmehl (z. B. Dinkel, Einkorn, Buchweizen gemischt)
› 40 g Dinkelmehl fein
› 1 Ei oder 50 g Apfelmus
› ca. 180–200 ml Milch
› 1 Prise Kardamom
› 1 Prise Salz

Fülle:
› 1 kl. Zwiebel
› 1–2 Knoblauchzehen
› 2 EL Sonnenblumenöl
› ½ Paprika
› 1 Tomate
› 1–2 braune Champignons
› 2 EL Petersilie
› 1 kl. Stück Stangensellerie
› 1 Prise Pfeffer
› 1 Prise Koriander
› 1 Prise Salz
› 1–2 EL Leinsamen
› 3–4 Scheiben Käse
› 3–4 Butterflocken

SO GELINGT'S

Palatschinken: Eier mit dem Mehl vermischen und die Milch langsam unterrühren. Gewürze beifügen und eventuell noch etwas Wasser, wenn der Teig nach ca. 20 Minuten Ruhezeit noch zu dick ist.

Fülle: Zwiebeln, Knoblauch in Öl anschwitzen, klein geschnittenes Gemüse (Paprika, Tomaten, eventuell Champignons, Petersilie, Stangensellerie) mitschwitzen lassen, mit Pfeffer, Koriander, Salz würzen und etwas Leinsamen zugeben und kurz ziehen lassen.

Palatschinken langsam in der Pfanne herausbacken, anschließend füllen und einrollen, mit Käse und ein paar Butterflocken belegen und im vorgeheizten Rohr bei 200 °C ca. 15 Minuten gratinieren.

Dazu passen: ein leckerer, frischer Salat und ein kösterlicher Joghurt-Kräuter-Dip!

zuckerfrei / sojafrei

Bei Vollkornpalatschinken muss der Teig lange genug ziehen, die Konsistenz darf nicht zu dünn sein und sie müssen unbedingt in einer guten Pfanne mit ausreichend Öl herausgebacken werden! Wichtig ist es auch, die Palatschinken erst zu wenden, wenn sie sich selbstständig von der Pfanne lösen.

Funktioniert auch ganz toll mit Hirsepalatschinken – dies ist eine perfekte glutenfreie Alternative!

Mediterrane Pasta

In der mediterranen Küche wird viel mit guten Ölen und Gemüse gearbeitet. Diese schmecken nicht nur lecker, sondern halten fit und jung!

ZUTATEN FÜR 2 PORTIONEN

› 180–200 g Vollkorn-Spaghetti
› 3–4 EL Olivenöl
› 1 kl. Zwiebel
› 2–3 Knoblauchzehen
› 8–10 Cocktailtomaten
› 3–4 getrocknete Tomaten
› ein kleiner Bund frische Rucolablätter
› 1 Prise Pfeffer
› 1 Prise Salz

SO GELINGT'S

Die Vollkorn-Spaghetti in Salzwasser al dente kochen. Zwiebel, Knoblauch schälen, klein schneiden und vorsichtig in Öl anbraten. Die Cocktailtomaten vierteln, die getrockneten Tomaten klein schneiden und ebenfalls kurz mitbraten. Die gekochten Spaghetti mit kaltem Wasser abschrecken und zum Gemüse in die Pfanne geben, mit Pfeffer und Salz würzen, am Teller anrichten und mit den frischen Rucolablättern bestreut servieren.

Geht auch prima mit Bärlauch, frischem Basilikum, Pesto …

zuckerfrei / eifrei je nach Nudel / laktosefrei / sojafrei

Nudeln selbst gemacht

Wer ein bisschen Zeit und Lust hat, kann sich ganz einfach auch Nudeln selbst herstellen – ein Genuss!

SO GELINGT'S

Für die Nudeln Mehl, Polenta, Ei, Öl, Salz und Wasser miteinander vermengen und zu einem glatten Teig kneten. Falls notwendig, noch etwas Mehl oder etwas Öl hinzufügen, bis die Konsistenz passt. Der Teig soll geschmeidig und nicht zu feucht sein. Den Teig ca. 30 Minuten zugedeckt rasten lassen. Anschließend auf einem bemehlten Brett dünn ausrollen und in die richtige Form schneiden oder mit einer Nudel-Maschine in Form bringen. Die Nudeln sofort kochen oder, wenn die Nudeln erst später verwendet werden sollen, über den Kochlöffel hängend trocknen lassen.

ZUTATEN FÜR 2 PORTIONEN

› 70 g Vollkornmehl (z. B. Einkorn, Kamut, Dinkel, Emmer)
› 100 g Dinkelmehl fein
› 30 g Polenta / Maisgrieß
› 1 kl. Ei
› 1 EL Öl
› ca. 50–60 ml Wasser
› 1 Prise Salz

zuckerfrei / laktosefrei / sojafrei

Dinkelreis mit frischem Pesto und würzigem Rahm-Tilsiter

Eine sehr g'schmackige und interessante Variante ist der Dinkelreis. Er ist rasch gekocht und zu vielen Gerichten statt dem üblichen Reis als Beilage oder Basis verwendbar!

ZUTATEN FÜR 2 PORTIONEN

› 190 g Dinkelreis, auch Perldinkel genannt
› 1 Prise Salz
› 1 EL Öl
› 1 kl. rote Zwiebel
› 2 Knoblauchzehen
› 2–3 getrocknete Tomaten
› 2–3 EL Butter
› 1 Prise Salz
› 1 Prise Pfeffer
› etwas Muskatnuss
› 1 Msp. Galgant
› 3–4 EL frisches Pesto (z. B. Bärlauch oder Basilikum)
› 3–4 EL geriebenen Rahm-Tilsiter

Pesto:
› 2 Handvoll Bärlauch oder Basilikum
› 1–2 Prisen Salz
› 6–8 EL kalt gepresstes Sonnenblumenöl
› 2–3 EL Sonnenblumenkerne

SO GELINGT'S

Den Dinkelreis in Wasser bissfest kochen, zum Schluss etwas salzen und abseihen. Zwiebel und Knoblauch klein schneiden und in einer Pfanne mit etwas Öl anschwitzen. Die klein geschnittenen, getrockneten Tomaten mitschwitzen und den Dinkelreis mit der Butter hinzufügen. Gut durchrühren und mit Salz, Pfeffer, Muskatnuss und Galgant würzen bzw. mit dem frischen Pesto vermengen und mit Käse bestreuen.
Für das **Pesto** das saubere Grünzeug mit Salz, Sonnenblumenkernen und Öl gut in einem Mixglas zerkleinern.

Dazu passt ein erfrischender Salat!

Das Pesto hält prima einige Zeit im Kühlschrank im Schraubglas, wenn es nach dem Einfüllen nochmals mit Öl bedeckt wird.

eifrei / zuckerfrei

Gemüse-Kartoffel-Gratin

Jede Jahreszeit hat ihre ganz besonderen Delikatessen. Diese können im Gemüse-Kartoffel-Gratin beliebig erweitert und ergänzt werden. Prima schmeckt die Kombination von Süßkartoffeln und ‚normalen' Kartoffeln.

SO GELINGT'S

Gemüse bei Bedarf schälen und klein schneiden. Kartoffeln schälen und in dünne Scheiben schneiden. Das Gemüse kurz in einer Pfanne anschwitzen, anschließend in eine Auflaufform schichten und mit Salz, Pfeffer, Koriander, Kümmel, Lorbeerblättern, Kurkuma und Ingwer würzen, gut durchmischen und gleichmäßig verteilen. Anschließend mit etwas Öl beträufeln.

Die Kartoffeln in etwas Wasser aufkochen lassen und abseihen. Das Gemüse mit Salz, Pfeffer würzen, das Obers mit Salz, Pfeffer, Senf und reichlich Muskat abschmecken. Zum Schluss den geschnittenen oder geriebenen Käse unterrühren. Die Kartoffeln auf das Gemüse schichten, die Obers-Gewürz-Mischung darauf verteilen und im Backrohr bei 180 °C ca. 15 Minuten backen.

Anschließend nochmals 5 Minuten bei 200 °C die obere Schicht leicht anbräunen lassen und im Optimalfall nochmals 10 Minuten bei ca. 50–70 °C im Rohr ziehen lassen, damit sich die Säfte aus dem Gemüse wieder in das Gratin saugen können. So entsteht ein herrliches Aroma.

ZUTATEN FÜR 2 PORTIONEN

› 5–6 mittelgroße Kartoffeln
› Wasser zum Kochen
› 3 Handvoll klein geschnittenes Gemüse der Saison (Karotten, Pastinaken, braune Champignons, rote Zwiebel, Knoblauch, Brokkoli)
› Weitere Gemüsesorten: Süßkartoffeln, Tomaten, Zucchini, Frühlingszwiebeln, Lauch, Rote Rüben, Sellerie …
› 2 EL Sonnenblumen- oder Rapsöl
› 1 Prise Salz
› 1 Prise Pfeffer
› 1 Prise Koriander
› 1 Prise Kümmel
› 2 Lorbeerblätter
› 1 Msp. Kurkuma
› 1 Msp. Ingwer gemahlen
› ½ TL Senf
› etwas Muskatnuss
› 150 ml Obers
› 2–3 Scheiben Käse nach Belieben

Dazu passt ein bunter Salat, z. B. Rotkraut-Chinakohl-Salat von Seite 99.

eifrei / glutenfrei / zuckerfrei / sojafrei

Spaghetti Bolognese mit 2 Varianten

Eine Sauce, die immer geht – ganz gleich ob für Aufläufe oder mit verschiedenen Gemüsesorten oder verschiedenen Beilagen. Der Liebling vieler großer und kleiner Kinder!

ZUTATEN FÜR 2 PORTIONEN

› 200 g Vollkornspaghetti
› 1 Prise Salz
› etwas Butter
› 1 EL Petersilie und Thymian oder
   etwas Kräutersalz

SO GELINGT'S

Das Wasser kochen, salzen und die Spaghetti darin al dente, also bissfest, kochen. Anschließend abseihen, kurz mit kaltem Wasser spülen und mit etwas Butter, Kräutern und Salz (oder Kräutersalz) würzen und verfeinern.

Wenn man fertige kalte Nudeln ganz schnell erhitzen möchte, dann in deinem Topf ca. 1,5–2 cm hoch Wasser aufkochen, salzen und etwas Kräuter und Butter reingeben. Die kalten Nudeln kurz darin schwenken. Geht sehr schnell und die Nudeln bekommen zusätzlich ein fein-buttriges Aroma.

eifrei / zuckerfrei / sojafrei

Gemüsebolognese

*Eine gut gewürzte Gemüse-Bolognese kann selbst einen ‚eingefleischten'
Esser überzeugen! Wichtig ist, den vollmundigen Geschmack zum Beispiel
mithilfe von einem Schuss Wein und/oder Sojasauce zu unterstützen!*

SO GELINGT'S

Für die Bolognese das Gemüse schälen,
Zwiebel und Knoblauch klein schneiden,
Karotte, Zucchini und Sellerie mit der Reibe
fein raspeln. Das Gemüse mit etwas Öl kurz
anbraten, mit einem Schuss gutem Rotwein
aufgießen. Das Tomatenmark, Paprikapulver
und Kurkuma unterheben und gut durchrühren. Mit passierten Tomaten und Gemüsebrühe aufgießen und einige Minuten köcheln
lassen. Regelmäßig umrühren. Wenn das
Gemüse weich ist, würzen und abschmecken und mit einem Schuss Sojasauce den
Geschmack abrunden.

*Wenn man die Bolognese-
Sauce einige Zeit bei wenig
Hitze köcheln lässt, entwickelt
sich eine etwas dickere, sämigere
Konsistenz.*

ZUTATEN FÜR 2 PORTIONEN

› 1 kl. Zwiebel
› 2 Knoblauchzehen
› 1 mittelgroße Karotte
› 3–4 cm Zucchini
› 1 kl. Stück Sellerie/Pastinake/
  Petersil-Wurzel
› 2 EL Tomatenmark
› 1 Schuss guter Rotwein
› 1 Prise Paprikapulver edelsüß
› 1 Prise Kurkuma
› 100 ml passierte Tomaten (oder
  2–3 frische, klein geschnittene
  Tomaten)
› 50 ml Gemüsebrühe oder Wasser
› 1 Schuss Sojasauce (Shoyu)
› 1 Prise Salz
› 1 Prise Pfeffer
› 1 Prise Majoran
› 1 Prise Thymian
› 1 Prise Oregano
› 1 Prise Basilikum
› 2–3 EL Oliven- oder
  Sonnenblumenöl

eifrei / zuckerfrei / laktosefrei / vegan / sojafrei

Sojabolognese

Die Sojabolognese kann perfekt als Basis für eine Lasagne oder einen Auflauf genommen werden. Mit ein paar Minuten köcheln wird daraus eine großartige, sämige Sauce.

ZUTATEN FÜR 2 PORTIONEN

› 1 kl. Zwiebel
› 2 Knoblauchzehen
› ½ mittelgroße Karotte
› 1–2 cm Zucchini
› 1 kl. Stück Sellerie/Pastinake/
  Petersil-Wurzel
› 60 g Sojaschnetzel oder
  Sojagranulat
› 120 ml heißes Wasser oder
  heiße Gemüsebrühe
› 2 EL Tomatenmark
› 1 Prise Paprikapulver edelsüß
› 1 Prise Kurkuma
› 80 ml Passata oder
  2–3 frische Tomaten ohne Haut
› 40 ml Gemüsebrühe oder Wasser
› 1 Schuss Sojasauce (Shoyu)
› 1 Prise Salz
› 1 Prise Pfeffer
› 1 Prise Oregano
› 1 Prise Majoran
› 1 Prise Basilikum
› 1 Prise Thymian
› 2–3 EL Oliven- oder
  Sonnenblumenöl

SO GELINGT'S

Für die Soja-Bolognese die Sojaschnetzel mit heißem Wasser oder heißer Gemüsebrühe begießen und ca. 20 Minuten quellen lassen. Das Gemüse schälen, Zwiebel und Knoblauch klein schneiden, Karotte, Zucchini und Sellerie mit der Reibe fein raspeln. Zwiebeln und Knoblauch mit etwas Öl kurz anbraten. Die Sojaschnetzel mitbraten. Das restliche Gemüse hinzufügen und ebenfalls kurz anbraten. Das Tomatenmark, Paprikapulver und Kurkuma unterheben und gut durchrühren. Mit Passata und Gemüsebrühe aufgießen und einige Minuten köcheln lassen. Regelmäßig umrühren.

Wenn das Gemüse und die Sojaschnetzel weich sind, würzen, abschmecken und mit einem Schuss Sojasauce den Geschmack abrunden.

eifrei / zuckerfrei / laktosefrei / vegan

Gemüselasagne

Eines meiner Lieblingsgerichte – es vereint echt leckere Bestandteile – Nudeln, die Lieblings-Bolognese-Sauce und die cremige Béchamel-Sauce!

SO GELINGT'S

Für die Lasagne eine Bolognese-Sauce herstellen – siehe Seite 79.

Für die **Béchamel-Sauce** etwas Öl in einer Pfanne erhitzen und das Mehl darin einige Minuten schwenken – nicht zu heiß! Anschließend unter Rühren nach und nach die Milch hinzugeben, bis eine cremige Konsistenz erreicht ist. Mit Salz, Kurkuma, Muskat/Macis und süßem Senf würzen.

In einer Auflaufform mit einer Schicht Béchamel beginnen. Anschließend kommt eine Schicht Lasagneblätter. Darauf wieder Béchamel, dann Bolognese und anschließend wieder Lasagneblätter. Dies wiederholt sich noch 2–4 Mal, je nachdem wie hoch die Lasagne sein soll. Vor der obersten Schicht wird noch etwas Käse auf die Bolognese gerieben, dann kommen nochmals Lasagneblätter und Béchamel. Darauf wird wieder Käse gerieben.

Anschließend wird die Lasagne im Backrohr bei 180 °C ca. 35 Minuten gebacken.

Dazu passt ein grüner Salat mit vielen frischen Kräutern!

eifrei / zuckerfrei

ZUTATEN FÜR 2 PORTIONEN

› ½ Packung Lasagneblätter oder selbst gemachte – siehe Nudelrezept Seite 75
› Bolognese-Sauce (je nach Vorliebe mit oder ohne Soja)

Béchamel-Sauce:
› 300 ml Reis-Milch
› 2 EL Butter oder Sonnenblumenöl
› 2 EL Dinkel-Vollkornmehl
› 1 Prise Salz
› 1 Prise Kurkuma
› ½ TL süßer Senf
› etwas Muskatnuss oder Macis

› 3–4 EL Parmesan oder Bergkäse

Lasagne eignet sich zum Vorbereiten am Vortag – so können die Lasagneblätter gut durchziehen und sind weicher. Bei frischen Lasagneblättern sollten diese jedoch sofort verwendet werden, da sie ansonsten zu weich werden!

Wer's mag, kann zwischen den einzelnen Schichten noch andere Gemüsesorten klein oder der Länge nach geschnitten legen (z. B. Zucchini, Pilze, frische Tomatenstücke, getrocknete Tomaten, Melanzani, Kürbis ...)

Buchweizen- oder Getreidelaibchen

Ein Allround-Essen, bunt abzuwechseln mit verschiedenem Getreide und Gemüse!

ZUTATEN FÜR 2 PORTIONEN

› 110 g Buchweizen (Dinkel, Grün-
  kern …) grob geschrotet
› 70 ml Wasser oder Gemüsebrühe
› 1 Prise Salz
› ½ kl. Zwiebel
› 1 Msp. Kurkuma
› 1 Knoblauchzehe
› 1 kl. Karotte
› 3–4 cm Zucchini
› 2–3 EL geriebener Käse
› 1 Prise Estragon
› 1 Prise Bohnenkraut
› 1 Prise Thymian

SO GELINGT'S

Das Wasser erhitzen, salzen und den grob geschroteten Buchweizen darin kurz ver-rühren und einige Minuten ziehen lassen. Währenddessen das Gemüse schälen und klein raffeln. Mit Kurkuma, Käse, Salz und Kräutern würzen, gut verrühren und zu Laib-chen formen. Anschließend im Backrohr bei 180 °C ca. 25 Minuten goldgelb backen.

Dazu passen ein Schnittlauch-Dip, ein bun-ter Salat oder ein warmes Gemüseragout.

Je kleiner das Gemüse geschnitten ist, desto besser ist die Bindefähigkeit der Laibchen.

eifrei / zuckerfrei / sojafrei

Serviettenknödel mit Kräuterseitling-Sauce

Ein g'schmackiges, herzhaftes Gericht, das man mit verschiedensten Pilzarten unterschiedlich zubereiten kann! Wer mag, genießt die Sauce mit Nudeln.

SO GELINGT'S

Für die **Serviettenknödel** den Vollkorntoast oder die Dinkelsemmeln in Würfel schneiden. Die geschnittenen Zwiebel in einer Pfanne mit Butter anschwitzen, mit der Milch ablöschen und vom Herd nehmen. Die Eier nach einigen Minuten zugeben und verrühren. Das Milch-Ei-Gemisch salzen, noch warm über die geschnittenen Semmelwürfel geben und vermengen. Die Serviettenknödelmasse in ein Geschirrtuch geben, einschlagen und zu einer Rolle bzw. zu einem *Zuckerl* drehen. In leicht siedendem Salzwasser ca. 25 Minuten ziehen lassen.

Für die **Sauce** die Zwiebel und Kräuterseitlinge klein schneiden. Die Zwiebel in Butter anschwitzen, die Seitlinge dazugeben und mitschwitzen lassen und den Honig zufügen. Nach einigen Minuten salzen und mit einem Schuss Alkohol aufgießen. Weiterdünsten, bis der Alkohol verdampft ist, und mit Wasser aufgießen. Anschließend die Sauce köcheln lassen, bis sich die Konsistenz etwas eingedickt hat. Mit Obers, Sojasauce, Kurkuma, Galgant, Ingwer und etwas Salz würzen. Bei Bedarf mit etwas Polenta einige Minuten unter Rühren eindicken lassen. Mit frischer Petersilie, einem Hauch geriebener Zitronenschale und etwas Zitronensaft abschmecken und mit Olivenöl verrühren.

ZUTATEN FÜR 2 PORTIONEN

Serviettenknödel:
› 210 g Vollkorntoast geschnitten oder Dinkelsemmelwürfel
› 30 g Butter
› 60–70 ml Milch
› 2 Eier
› 1 Prise Petersilie
› 1 Prise Salz
› 1 kl. Zwiebel

Sauce:
› 1 kl. Zwiebel
› 150 g Kräuterseitlinge
› 1 EL Butter
› ½ TL Honig
› 1 Prise Salz
› 1 Schuss Weißwein, Most oder Bier
› 200 ml Wasser
› 80 ml Obers
› 1 Spritzer Sojasauce (Shoyu)
› je 1 Msp. Kurkuma, Galgant, Ingwer
› 2–3 Prisen Petersilie
› etwas Zitronenschale und ein Spritzer Zitronensaft
› ev. 1 TL Polenta
› ca. 2–3 EL Olivenöl

zuckerfrei / sojafrei

Mangold-Blätterteig-Strudel

Strudel ist ein vielseitiges Gericht. Mit Mangold oder Spinat ein Klassiker und mit frischem Blätterteig ein ganz besonderer Genuss!

ZUTATEN FÜR 2 PORTIONEN

› Blätterteig (frisch oder 1 Packung)

Für die Fülle:

› 500 g Mangold oder Spinat frisch (oder 200 g blanchiert bzw. tief-gekühlt)
› 2–3 EL Raps- oder Sonnenblumenöl
› 1 mittelgroße Zwiebel
› 2–3 Knoblauchzehen
› 1 Msp. Kardamom
› 1 kräftige Prise Muskatnuss
› 1 kräftige Prise Pfeffer
› 1 Msp. Ingwer
› 2 Kartoffeln
› 1 kräftige Prise Salz

› 2–3 EL Sonnenblumenkerne

Für den Blätterteig:

› 160 g Dinkelmehl fein
› 60 g Dinkelvollkornmehl
› 80 ml Wasser lauwarm
› 1–2 EL Apfelessig
› 1 Prise Salz
› 4 EL Öl
› 160 g Butter
› etwas Mehl zum Ausarbeiten

SO GELINGT'S

Für die **Fülle** Zwiebel und Knoblauch klein schneiden und in etwas Öl anschwitzen. Den Mangold klein schneiden, mit etwas heißem Wasser überbrühen, den Zwiebeln hinzufügen und kurz mitdünsten. Mit Kardamom, Muskatnuss, Pfeffer und Ingwer abschmecken, salzen und mit den geschälten und klein geriebenen Kartoffeln vermengen. Die leicht überkühlte Fülle auf dem aufgerollten Blätterteig mittig verteilen. Den Blätterteig versetzt einschneiden und einschlagen.

Anschließend mit Sonnenblumenkernen bestreuen und bei 180 °C ca. 35 Minuten backen.

Für den **Blätterteig** aus Mehl, Wasser, Essig, Salz und Öl einen Teig herstellen. Diesen auf der Arbeitsfläche 10 Mal schleifen und 10 Mal schlagen. Wenn der Teig eine glatte und leicht glänzende Oberfläche hat, ca. 30 Minuten zugedeckt kühl stellen. Den Teig auf der Arbeitsfläche zu einem Rechteck ausrollen. Die Butter in ca. 0,5 cm breite Streifen schneiden. Eventuelle Mehlreste vom Teig entfernen. In die Mitte des Teiges

eifrei / zuckerfrei / sojafrei

gleichmäßig die Butterstücke auflegen. Den Strudelteig links und rechts einschlagen und anschließend bis zur Mitte falten.

Dann den Teig im Kühlschrank ca. 20 Minuten kühl stellen. Aus dem Kühlschrank nehmen, um 90° drehen und wieder ausrollen. Dieses Mal wird der Blätterteig von links und von rechts je ein Drittel eingeschlagen. Nun wird der Blätterteig wieder kühl gestellt. Anschließend noch einmal ausrollen und belegen.

Dazu passen ein Joghurt-Kräuter-Dip mit reichlich Estragon, Kartoffeln und ein frischer, grüner Salat!

Kartoffeln können aufgrund ihrer Bindefähigkeit ein Ei ersetzen!

Kartoffel-Bohnen-Eintopf mit Kürbis

Perfektes Gericht für die kühlere Jahreszeit. Geht schnell, schmeckt lecker, sättigt gut und wärmt von innen heraus.

ZUTATEN FÜR 2 PORTIONEN

› 2 mittelgroße Kartoffeln
› 1 EL Sonnenblumenöl
› 1 kl. Zwiebel
› 2 Knoblauchzehen
› 150 g Hokkaidokürbis
› 120 g gemischte Bohnen aus der Dose (entspricht ca. ½ Dose) oder 60 g getrocknete Bohnen, die ins Wasser eingelegt werden
› 3 Tomaten
› 1 EL Tomatenmark
› 1 kräftige Prise Paprika edelsüß
› 200 ml Wasser oder Gemüsebrühe
› 1 kräftige Prise Kurkuma
› 1 kräftige Prise Ingwer
› 1 Msp. Cayennepfeffer
› 1 Msp. Galgant
› 1–2 Prisen Salz
› einige Tropfen Sojasauce (Shoyu)
› 1 Prise Oregano
› 1 Prise Rosmarin
› 1 Schuss Obers
› ½ TL Bohnenkraut

SO GELINGT'S

Kartoffeln, Zwiebeln und Knoblauch schälen und klein bzw. die Kartoffeln würfelig schneiden. Kürbis und Tomaten klein schneiden. In einem Topf die Zwiebeln und den Knoblauch mit Öl anbraten, Kartoffeln, Kürbis und Tomaten ebenfalls hinzugeben und gut mitbraten. Die Bohnen gut ausspülen und hinzufügen. Mit dem Tomatenmark, Kurkuma und Paprikapulver würzen und gut durchrühren. Mit Wasser oder Gemüsebrühe aufgießen und mit Ingwer, Kurkuma, Cayennepfeffer, Galgant und Salz würzen und ca. 25 Minuten unter mehrmaligem Rühren vorsichtig köcheln lassen. Mit Oregano, Rosmarin und einigen Tropfen Sojasauce sowie Bohnenkraut abschmecken.

Wer es gerne ein wenig cremiger mag, kann einen Schuss Obers hineingeben.

Wenn die Konsistenz zu dünn ist, kann man mit dem Kartoffelstampfer ein paar Mal hineindrücken. So dickt der Eintopf ganz einfach von alleine nach! Weiters wird die Konsistenz auch nach längerem Köcheln ganz natürlich dicker.

eifrei / glutenfrei / zuckerfrei / laktosefrei / vegan / sojafrei

Buntes Risotto

Risotto schmeckt das ganze Jahr – cremig, würzig, lecker – mit unterschiedlichsten geschmacksgebenden Zutaten.

SO GELINGT'S

Die Zwiebel klein schneiden und mit etwas Öl anschwitzen. Den Reis zugeben und mitschwitzen lassen. Geschmackgebende Zutaten klein geschnitten hinzufügen und mit Wein, Bier oder Most aufgießen.

Anschließend nach und nach unter Rühren immer wieder etwas Flüssigkeit hinzugeben. Wenn der Reis leicht bissfest ist bzw. deinem Geschmack entspricht, mit Salz, Pfeffer, Muskatnuss, Kräutern, Butter und geriebenem Käse abschmecken und verfeinern.

ZUTATEN FÜR 2 PORTIONEN

› 200 g Risotto-Reis (Arborio) oder Jasminreis (Duftreis)
› 1 kl. Zwiebel.
› 1–2 EL Olivenöl

geschmackgebende Zutaten:
› 4–5 getrocknete Tomaten oder
› 1 kl. Pastinake oder
› 1 kl. Handvoll Hokkaidokürbis oder
› 2–3 Spargelstangen oder
› 2–3 EL bunten Paprika (erst in das fertige Gericht) oder
› 1 Handvoll Kräuter (erst in das fertige Gericht!)
› 1 Schuss Weißwein, Most oder Bier
› ca. 500 ml Wasser oder Gemüsebrühe
› 2–3 Prisen Salz
› 1 Prise Pfeffer
› 1 Msp. Muskatnuss
› 2–3 EL Kräuter (Bohnenkraut, Thymian, Zitronenthymian, Rosmarin, Petersilie …)
› 2 EL Butter
› ev. 2–3 EL geriebener Käse (Parmesan oder Rahmkäse oder Rotschmierkäse)

eifrei / glutenfrei / zuckerfrei / sojafrei

Letscho mit gebratenen Polentaschnitten

Geschmackvoll, gut sättigend und wunderschön an kräftigen Farben.

ZUTATEN FÜR 2 PORTIONEN

Letscho:
› 1–2 EL Sonnenblumenöl
› 1 Zwiebel
› 1,5–2 Paprika (z. B. gelb, rot, violett und grün gemischt)
› 3 Tomaten
› 1–2 getrocknete Tomaten
› 1–2 Prisen Salz
› 1 kräftige Prise Pfeffer
› 1 Msp. Galgant
› 1 Prise Rosmarin
› 1 Prise Bohnenkraut
› 1 Prise Petersilie

Polentaschnitten:
› 100 g Polenta
› 300 ml Wasser
› 1 Prise Salz
› 1 Prise Muskatnuss
› 1 Prise Pfeffer
› 1 EL Butter oder Öl
› 3–4 EL Öl zum Braten

SO GELINGT'S

Für das **Letscho** das Gemüse klein schneiden und mit etwas Öl kurz anbraten. Anschließend mit Kräutern und Salz bzw. Pfeffer und Galgant würzen.

Für die **Polentaschnitten** die Polenta ins kochende Wasser einrühren, würzen und unter Rühren einige Minuten quellen lassen. Anschließend noch heiß in Backpapier geben und daraus Rollen formen. Die Rollen im Kühlschrank ca. 2 Stunden kalt stellen. Dann aus der Backpapier nehmen und ca. 2 cm breite Scheiben herunterschneiden. Diese Scheiben vorsichtig in Öl auf beiden Seiten anbraten.

Die Polentaschnitten gemeinsam mit dem Letscho und ein paar Kräutern anrichten.

Wer keine Schnitten möchte, kann die Polenta auf ein gefettetes Blech streichen, erkalten lassen und daraus verschiedene Formen und Größen ausschneiden.

eifrei / glutenfrei / zuckerfrei / sojafrei

Vollkorndinkelpizza

Eine besondere Variante ist Pizza aus Vollkorn-Dinkel-Teig. Dinkel hat ein feines Aroma und durch das Vollkornmehl sättigt die Pizza besser und enthält mehr Ballaststoffe!

ZUTATEN FÜR 2 PORTIONEN

› 200 g Dinkel-Vollkornmehl
› 1 TL Brotgewürz gemahlen
› ½ Packung Hefe frisch oder trocken
› 1 Prise Salz
› 2 EL Öl
› 100–130 ml Wasser
› ½ TL Honig

SO GELINGT'S

Das Brotgewürz und das Salz unter das Mehl rühren. Den Honig in das lauwarme Wasser geben und die Hefe hinzufügen. Das Hefe-Wasser-Gemisch ca. 10–15 Minuten stehen lassen, dabei beginnt die Masse aufzugehen (sollte mindestens doppelt so hoch sein wie zu Beginn!). Anschließend das Hefe-Gemisch mit dem Öl und dem Mehl verrühren, bis ein schöner Hefeteig entstanden ist. Den Hefeteig zugedeckt an einem warmen Ort ca. 30–35 Minuten gehen lassen.

Wenn's schnell gehen muss: Während der Zubereitung des Teiges das Backrohr auf 50 °C vorheizen – nicht zu heiß. Den Teig anschließend gleich auf das Blech aufteilen und in das ausgeschaltete Backrohr schieben, während man den Belag vorbereitet.

eifrei / zuckerfrei / laktosefrei / vegan / sojafrei

Polentapizza

Eine besonders abwechslungsreiche Variante ist die Polentapizza. Sie ist ein optischer Hingucker und kann kalt in kleine Häppchen geschnitten als Finger-Food serviert werden!

SO GELINGT'S

Das Wasser aufkochen und die Polenta darin einrühren, salzen und unter Rühren ca. 5–10 Minuten quellen lassen. Anschließend mit Salz, Pfeffer, Muskatnuss und etwas Öl würzen. Den Polentateig kurz überkühlen lassen, anschließend auf dem Blech verteilen und flach drücken.

Die Zwiebeln in einem Topf mit etwas Öl anbraten. Die Tomaten dazugeben und kurz anschwitzen. Die Gewürze (Salz, Pfeffer, Kurkuma, Galgant) zugeben und köcheln lassen.

Anschließend das Gemüse und den Käse für den Belag schneiden oder dünsten oder reiben. Die fertige, leicht überkühlte Tomatensauce auf dem Polentateig verstreichen und die restlichen Zutaten für den Belag auf der Pizza verteilen. Zum Schluss mit reichlich Oregano bestreuen und mit Olivenöl beträufeln.

Im Backrohr bei 180–200 °C ca. 35 Minuten backen.

ZUTATEN FÜR 2 PORTIONEN

› 100 g Polenta
› 300 ml Wasser
› 1 Prise Salz
› 1 Prise Muskatnuss
› 1 Prise Pfeffer
› 2–3 EL Öl

Belag:
› 1 kl. Zwiebel
› 2–3 Tomaten
› 1 Prise Salz
› 1 Prise Pfeffer
› 1 Prise Kurkuma
› 1 Msp. Galgant
› 1–2 EL Öl
› nach Belieben: Champignons oder andere Pilze, Karottenstücke gedünstet, Fenchel, Mais, Erbsen, getrocknete oder frische Tomaten, Zucchini, Lauch, Jungzwiebeln, Knoblauch, Oliven, Kapern, Brokkoli gedünstet, Romanesco gedünstet, Paprika, Kidneybohnen, Chili, Eier ...
› 100 g Mozzarella, Bergkäse oder Rahmkäse
› 1 Prise Oregano
› 1–2 EL Olivenöl

eifrei / glutenfrei / zuckerfrei / sojafrei

Knoblauchdip

Aromatisch, intensiv und erfrischend!

ZUTATEN FÜR 2 PORTIONEN

› 100 g Joghurt
› 100 g Sauerrahm
› 2 EL Leinöl
› 2 Knoblauchzehen
› einige Tropfen Ume su
› 1 Prise Salz
› ½ TL Senf
› 1 Schuss Essig
› etwas Petersilie

SO GELINGT'S

Für den Dip Joghurt und Sauerrahm verrühren. Den Knoblauch ganz klein schneiden, mit etwas Ume su beträufeln und anschließend einige Minuten fermentieren lassen. Den Knoblauch mit den restlichen Zutaten vermengen und abschmecken. Zum Knoblauchdip passt sehr gut etwas Petersilie, da sie das Aroma leicht bindet.

Das Ume su fermentiert den Knoblauch schon etwas vor, sodass er leichter verträglich ist.

eifrei / glutenfrei / zuckerfrei / sojafrei

Kräuterdip

Vielseitig, passt zu gratinierter Palatschinke, Gemüsestrudel und vielem mehr. Macht immer eine erfrischende Note.

ZUTATEN FÜR 2 PORTIONEN

› 100 g Joghurt
› 100 g Sauerrahm
› 2 EL Leinöl
› ½ TL Ume su
› 2–3 Tropfen Sojasauce (Shoyu)
› ½ TL Senf
› Salz
› 1 Handvoll Kräuter, gemischt, klein gehackt (Schnittlauch, Petersilie, Rucola, Löwenzahn, Brennnessel, Bohnenkraut, Estragon, Kresse …) oder eine Kräutersorte alleine

SO GELINGT'S

Für den Dip Joghurt und Sauerrahm miteinander verrühren. Mit Leinöl, Ume su, Sojasauce, Essig, Senf und Salz würzen und anschließend die klein gehackten Kräuter unterrühren.

Auch Dips mit sortenreinen Kräutern ergeben eine perfekte Komposition zu Speisen!

eifrei / glutenfrei / zuckerfrei

Klassisches Essigdressing

Die g'schmackig-klassische Variante!

SO GELINGT'S

Alle Zutaten miteinander vermengen und
gut durchschütteln.

ZUTATEN FÜR 2 PORTIONEN

› 4 EL Most- oder Apfelessig
› 2 EL Balsamicoessig
› 6 EL Leinöl
› 1 kräftige Prise Salz
› 1 TL Honig oder Melasse
› ca. 125 ml Wasser

eifrei / glutenfrei / zuckerfrei / laktosefrei /
vegan / sojafrei

Mein Ume-Su-Dressing

*Mein Lieblings-Dressing – vielseitig abwandelbar, gut verträglich, einfach mal
was anderes.*

SO GELINGT'S

Alle Zutaten miteinander vermengen und
gut durchschütteln.

ZUTATEN FÜR 2 PORTIONEN

› 4 EL Ume su
› 6 EL Leinöl und Hanföl und/oder
  Kürbiskernöl
› 1 kräftige Prise Salz
› 1 TL süßen Senf
› ca. 125 ml Wasser
› 1 TL Honig oder Melasse

eifrei / glutenfrei / zuckerfrei / laktosefrei /
vegan / sojafrei

Apfelsaft-Dressing

Fruchtig und vielfältig.

ZUTATEN FÜR 2 PORTIONEN

› 3 EL Ume su
› 100 ml Apfelsaft
› 6 EL Leinöl und/oder Sonnenblumenöl und/oder Kürbiskernöl
› 1 kräftige Prise Salz
› 1 TL süßer oder scharfer Senf
› ca. 100 ml Wasser

SO GELINGT'S

Alle Zutaten miteinander vermengen und gut durchschütteln.

eifrei / glutenfrei / zuckerfrei / laktosefrei / vegan / sojafrei

Joghurt-/Topfen-/Buttermilch-Dressing

ZUTATEN FÜR 2 PORTIONEN

› 3 EL Topfen, Joghurt oder
  Buttermilch
› 2 EL Ume su
› 1 kräftige Prise Salz
› 1 EL Honig oder Melasse
› 2 EL Kräuter (Schnittlauch,
  Schnittknoblauch, Petersilie,
  Basilikum)
› 5 EL Leinöl oder Sonnenblumenöl
  oder Kürbiskernöl

SO GELINGT'S

Alle Zutaten miteinander vermengen und gut durchschütteln.

eifrei / glutenfrei / zuckerfrei / sojafrei

Erfrischender Gurkensalat

*Gurken sind ein sehr wasserreiches Gemüse.
Perfekt für heiße Sommertage!*

SO GELINGT'S

Die Gurke schälen, der Länge nach halbieren und die Kerne v-förmig aus der Gurke
herausschneiden. Die Gurkenhälften in
ca. 0,5 cm dicke Scheiben schneiden.

Aus den restlichen Zutaten (Joghurt, Wasser, Salz, Balsamico, Senf, Öl) ein Dressing
rühren und die geschnittenen Gurken darin
schwenken. Mit klein geschnittenem Dill
würzen.

ZUTATEN FÜR 2 PORTIONEN

› 1 mittelgroße Freilandgurke oder
  Schlangengurke
› 4–5 EL Joghurt
› 3–4 EL Wasser
› 1 kräftige Prise Salz
› 1–2 EL weißer Balsamico-Essig
› etwas scharfer Senf
› 3–4 EL Lein- und Hanföl gemischt
› ½ TL Dill

*Viele Menschen vertragen den
Gurkensalat nicht so gut. Kräuter
unterstützen die Verträglichkeit.
Weiters hilft es, wenn man die
Kerne herausschneidet!*

eifrei / glutenfrei / zuckerfrei /
sojafrei

Sommerlicher Cous-Cous-Salat

Bunt, erfrischend und sättigend.

ZUTATEN FÜR 2 PORTIONEN

› 90 g Cous-Cous (Hartweizengrieß, gedämpft)
› 250 ml Wasser
› ½ Paprika
› 3–4 Cocktailtomaten
› 3–4 EL Mais
› 3–4 cm Lauch
› 2–3 EL Olivenöl
› 5–6 EL Wasser
› 1 Prise Salz
› 3 EL Essig
› 1 Spritzer Zitronensaft
› 1 Spritzer Apfelsaft
› 2 EL Schnittlauch
› 3–4 Blätter frisches Basilikum
› ev. 3–4 EL Schaf-Feta-Würfel

SO GELINGT'S

Den Cous-Cous in kochendem, etwas gesalzenem Wasser garen, abseihen und abkühlen lassen. Das Gemüse waschen und klein schneiden. Aus Öl, Wasser, Salz, Essig, Zitronensaft und Fruchtsaft ein Dressing machen. Das Gemüse und den Cous-Cous hinzufügen, mit Schnittlauch und Basilikum bestreuen. Wer es gerne mag, kann noch Schaf-Feta-Würfel darübergeben.

eifrei / zuckerfrei / sojafrei

Hirsesalat mit Räuchertofu

Würzig und abwechslungsreich. Der Räuchertofu macht eine g'schmackige Note.

SO GELINGT'S

Die Hirse kochen, abseihen und abkühlen lassen. Das Gemüse schälen und klein schneiden oder reiben. Den Räuchertofu in kleine Stücke schneiden.

Aus Zitronensaft, Salz, Öl, Wasser, Sirup und Tomatenpesto ein Dressing herstellen. Das Dressing über die Hirse-Gemüse-Mischung geben und gut durchrühren. Mit Kräutern bestreuen, ca. 30 Minuten ziehen lassen und genießen.

ZUTATEN FÜR 2 PORTIONEN

› 100 g Hirse
› 1 Handvoll Gemüse (Paprika, Kohlrabi, Tomaten, Karotten, Gurken, Lauch, Zucchini, Fenchel ...)
› 100 g Räuchertofu
› Saft einer halben Zitrone
› 1 Prise Salz
› 3 EL Olivenöl
› 5–6 EL Wasser
› 1 TL Tomatenpesto
› 1 EL Honig, Agavendicksaft oder Salbeisirup
› 2 EL Schnittlauch
› einige Blätter Rucola
› ev. 1 TL Kresse

eifrei / glutenfrei / zuckerfrei / vegan

Melonensalat mit Feta und Cocktailtomaten

Dieser Salat ist sehr fruchtig, erfrischend und lecker. Da es in Eferding jeden Sommer für kurze Zeit heimische Wasser- und Zuckermelonen gibt, ist dies als regionale und saisonale Köstlichkeit anzusehen!

ZUTATEN FÜR 2 PORTIONEN

› 1 Handvoll Wassermelone
  (Kugeln ausgestochen)
› 1 Handvoll Zuckermelone
  (Kugeln ausgestochen)
› 4–5 Cocktailtomaten
  (rot und gelb)
› 80 g Feta-Käse (kann auch gerne
  ein anderer Schaf- oder Ziegen-
  käse sein)
› je 1 TL Zitronenthymian und
  Basilikum frisch
› 1 TL Oregano
› 3 EL Olivenöl
› Saft einer halben Grapefruit
› 1 Prise Salz
› 1 Spritzer Essig
› 1 EL Sonnenblumenkerne

SO GELINGT'S

Aus der Wassermelone und der Zuckerme-lone kleine Kugeln ausstechen. Die Cock-tailtomaten halbieren. Den Käse in Würfel schneiden. Oregano und Zitronenthymian vom Stängel zupfen und das Basilikum in kleine Stücke reißen. Aus Olivenöl, Saft von der Grapefruit, Salz, Essig ein Dressing ma-chen. In einer Pfanne vorsichtig die Sonnen-blumenkerne anbräunen.

Die Melonenkugeln und die Cocktailto-maten in eine Schüssel geben, mit dem Dressing beträufeln, die Käsewürfel und die Kräuter darüberstreuen und alles mit den gerösteten Sonnenblumenkernen bestreu-en.

Am besten den Salat 1–2 Stunden im Kühlschrank durchziehen lassen.

Wenn du verschiedene Tomatensorten (vielleicht sogar ein paar Raritäten) verwendest, bekommst du einen besonders bunten und vielseitigen Salat. Variante: Gehobelten Parmesan statt Fetawürfel verwenden.

**eifrei / glutenfrei /
zuckerfrei / sojafrei**

Rotkraut-Chinakohl-Salat mit Topfendressing

Der farbenfrohe Herbst-Wintersalat, knackig und frisch!

SO GELINGT'S

Chinakohl und Rotkraut waschen, den Strunk entfernen, fein schneiden und vermischen.

Aus Topfen, Ume su, Salz, Honig, Öl und Salatkräutern ein Dressing machen und vermischen.

ZUTATEN FÜR 2 PORTIONEN

› 2 Handvoll Chinakohl fein geschnitten
› 1 Handvoll Rotkraut fein geschnitten
› 2 EL Topfen
› 1–2 EL Ume su
› 1 Prise Salz
› 1 EL Honig
› 2 EL Salatkräuter
› 2–3 EL Leinöl oder Sonnenblumenöl

Das Dressing ganz einfach im Marmeladeglas schütteln (Topfen ist meistens etwas fester). So kann der Rest im Kühlschrank für ein paar Tage aufgehoben und wieder verwendet werden.

Das Rotkraut passt auch prima zu etwas festeren Blattsalaten wie Batavia oder Endivie.

eifrei / glutenfrei / zuckerfrei / sojafrei

Buttermilchnockerl mit Beerensauce

Erfrischend und lecker. Tolles Sommerdessert.

ZUTATEN FÜR 2 PORTIONEN

Buttermilchnockerl:
› 100 ml Obers
› 200 ml Buttermilch
› 1 EL Honig oder Melasse
› 1 kl. Prise Salz
› 1 EL Flohsamenschalen
› etwas Zitronen- oder Orangenschale
› 1 Spritzer Zitronen- oder Orangensaft

Beerensauce:
› 2 Handvoll Beeren gemischt (Erdbeeren, Ribisel, Heidelbeeren, Himbeeren ...)
› 1 TL Honig
› etwas Zimt
› 1 Msp. Vanille
› 3–4 Blätter Pfefferminze oder Zitronenmelisse

SO GELINGT'S

Für die **Buttermilchnockerl** das Obers steif schlagen, die Buttermilch dazugeben. Mit Honig, Salz und Flohsamenschalen sowie Orangen-/Zitronenschalen und -saft verrühren und ca. 3–4 Stunden im Kühlschrank kalt stellen.

Für die **Beerensauce** die Beeren mit Honig, Vanille und Zimt würzen und fein pürieren.

Aus der Buttermilchmasse mit einem Löffel Nockerl ausstechen und mit der Beerensauce sowie Pfefferminz- oder Zitronenmelissenblättern dekorieren.

Eine schnelle Beerensauce kann man auch aus einem Fruchtjoghurt mit ein paar frischen Beeren machen!

eifrei / glutenfrei / zuckerfrei / sojafrei

Vegane Cappuccinocreme

Feine Dessertcreme. Einfach und schnell zubereitet.

SO GELINGT'S

Das Hafer-Obers mit dem Mixer aufschlagen. Wenn genügend Luft drinnen ist, den überkühlten Kaffee, die Flohsamenschalen, Honig, Vanille, Kakao und Schokoladeraspeln hinzufügen und gut durchrühren. Die Creme in Gläser oder Schälchen füllen.

Den grob geriebenen Kaffee, Kakao und Zucker verrühren und oben auf die Creme streuen.

ZUTATEN FÜR 2 PORTIONEN

› 250 ml Hafer-Obers
› 1 kl. schwarzer Kaffee
› 1 TL Flohsamenschalen
› 2 EL Honig
› 1 kräftige Prise Vanille
› ½ TL Kakaopulver
› 2 TL geraspelte Schokolade

Zum Drüberstreuen:
› 1 TL gemahlener Kaffee
› ½ TL Kakao
› ½ TL Rohzucker

Das Dessert wird besonders lecker und gut verträglich, wenn du beim Kaffee auf gute Arabica-Bohnen achtest! Sie haben ein feineres Aroma und sind wegen ihrem geringeren Säuregehalt besser verträglich.

eifrei / glutenfrei / laktosefrei / vegan / sojafrei

Apfel-Kirsch-Strudel vom 'zogenen Strudelteig

Eine perfekte, fruchtige Kombination,
als Hauptspeise oder als Dessert!

ZUTATEN FÜR 1 STRUDEL

Strudelteig:
› 200 g Dinkelmehl fein
› 1 Ei
› 1 EL Öl
› 1 Prise Salz
› ca. 60 ml Wasser

Fülle:
› 1 EL Essig
› 5–6 mittelgroße Äpfel
› 1 Handvoll frische Kirschen (oder eingelegte (Sauer-)Kirschen)
› 3–4 EL Honig
› ev. 4–5 TL Sauerrahm

› 2–3 EL Butter

Anstelle der Kirschen eignen sich
auch viele andere Früchte wie
Marillen, Mandarinen, Birnen,
Himbeeren, Heidelbeeren,
Zwetschken …

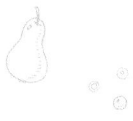

SO GELINGT'S

Aus Dinkelmehl, Ei, Öl, Salz und Essig einen **Strudelteig** kneten. Den Teig auf der Arbeitsfläche 10 Mal aufschlagen und dann 10 Mal kneten, bis der Strudelteig eine feine, leicht glänzende Oberfläche hat und sich schön vom Untergrund löst. Anschließend mit Öl bestreichen und ca. 30 Minuten zugedeckt rasten lassen.

Die Äpfel schälen und blättrig schneiden. Den Strudelteig ausrollen und auf einem bemehlten Strudeltuch (oder einem größeren, bemehlten Geschirrtuch) ausziehen. Beim Strudelteig zieht man im Kreis rundherum immer am äußeren Ende etwas an, bis der Teig nach und nach immer dünner wird.

Anschließend mit den Äpfeln, den Kirschen und dem Sauerrahm belegen, etwas Honig darüberträufeln. Links und rechts die Ränder einschlagen, einrollen und vorsichtig in eine Auflaufform legen. Mit 2–3 EL Butter bestreichen und im Backrohr bei 180 °C ca. 35 Minuten backen.

zuckerfrei / sojafrei

Schoko-Bananen-Rendezvous im Glas

Dieses Dessert ist eine besondere Variante einer Bananenschnitte.
Jede beliebige Torte oder Schnitte kann auch wunderschön im Einmachglas
angerichtet werden!

SO GELINGT'S

Für die **Teigmasse** die Eier trennen und das Eiklar mit ⅔ von Zucker, Wasser und Salz zu einem cremigen, steifen Schnee schlagen. Anschließend die Dotter mit dem restlichen Zucker sehr schaumig rühren. Den Schnee, das Mehl, das Öl und das Kakaopulver mit dem Schneebesen unterheben und im vorgeheizten Backrohr bei 180 °C ca. 15 Minuten backen. Um zu schauen, ob die Masse schon fertig ist, vorsichtig mit dem Finger etwas draufdrücken. Geht die Masse relativ schnell wieder auf ihre ursprüngliche Form zurück, ist sie fertig. Für die **Creme** das Obers mit dem Zucker und dem Kakaopulver relativ fest schlagen. Für die **Schokoladeglasur** das Öl mit der Schokolade bei minimaler Temperatur verflüssigen. Wenn die Kuvertüre beim Schmelzen zu heiß wird, bilden sich Klumpen und sie schmeckt nicht gut.

Nun die ausgewaschenen Einmachgläser wie folgt befüllen: Die gebackene Teigmasse in verschieden große Stücke zerreißen. Das Rex-Glas abwechselnd mit Teigmasse, Bananenstücken, Creme und Schokolade-sojafrei

ZUTATEN FÜR 15 EINMACH-GLÄSER zu je 290 ml

Teigmasse:
› 5 Eier
› 3–4 EL Wasser
› 1 Prise Salz
› 150 g Rohzucker
› 150 g Dinkelvollkornmehl (oder Einkorn und Dinkel gemischt)
› 3 EL Sonnenblumenöl
› 2–3 EL Kakaopulver entölt

Creme:
› 400 ml Obers
› 4–5 EL Kakaopulver entölt
› 2 EL Rohzucker

Schokoladeglasur:
› 2 EL Öl
› 50 g dunkle Kuvertüre
› 50 g Vollmilchkuvertüre

› ca. 6 Bananen

glasur füllen, den Teig ruhig ein wenig hineindrücken, bis das Glas fast voll ist. Mit einer Schicht Creme und etwas Schokolade-Glasur abschließen, sodass alles komplett bedeckt ist.

Marmorkuchen

Einer meiner absoluten Lieblingskuchen –
den gab's früher oft am Sonntag bei Mama.

ZUTATEN FÜR 12 STÜCK

› 200 g Butter
› 5 Eier
› 280 g Zucker
› 280 g Vollkornmehl
  (Dinkel, Roggen, Einkorn, Buchweizen, Braunhirse gemischt)
› 2 EL Rum
› ½ TL Backpulver
› 1 Msp. Vanille
› 125 ml Milch
› 1 Prise Salz
› 2–3 EL Wasser
› 2 EL Kakaopulver oder
  Schokoladestücke

SO GELINGT'S

Eier teilen. Aus Eiklar, der Hälfte des Zuckers, Vanille, einer Prise Salz und Wasser
einen cremig-steifen Schnee schlagen.
Anschließend Butter schaumig rühren, den
restlichen Zucker und die Dotter nach und
nach zugeben und einen sehr schaumigen
Abtrieb herstellen. Nun Schnee, Mehl, Rum,
Backpulver und Milch unter den Abtrieb
rühren. Die Hälfte der Masse mit Kakao vermengen und schichtweise in eine gefettete
und gebröselte Kuchenform füllen.
Bei 180 °C ca. 45–55 Minuten backen.

Je länger du den Schnee bzw. den
Abtrieb rührst, desto flaumiger
wird der Kuchen.

sojafrei

Braune Linzertorte aus Mürbteig

Schnell gemacht, hält länger und schmeckt grandios! Der Klassiker!

SO GELINGT'S

Mürbteig herstellen (kalte Butter mit Teigspachtel in Mehl schneiden und mit den restlichen Zutaten vermengen). Rasch zu einem Teig verarbeiten, damit die Butter nicht zu warm wird. Anschließend ⅔ der Masse auf den Boden der Tortenform auslegen. Mit Marmelade bestreichen. Den Rest des Mürbteigs ausrollen und als Gitter auf den Kuchen legen. Außen herum mit grob geriebenen Nüssen bestreuen und bei 160 °C ca. 45 Minuten langsam backen.

ZUTATEN FÜR 12 STÜCK

› 250 g Vollkornmehl gemischt (Dinkel, Einkorn, Hafer, Buchweizen)
› 250 g Butter
› 210 g gemahlene Nüsse
› 180 g Zucker
› 2 Dotter
› 1 Msp. Backpulver
› 1 Eiklar
› 1 kräftige Prise Muskatnuss
› 1 Prise Salz
› etwas geriebene Zitronenschale
› ½ TL Zimt
› 1 kräftige Prise Vanille
› 1 Prise Nelken
› 3–4 EL Ribisel- oder Stachelbeermarmelade
› 3–4 EL grob geriebene Nüsse

Geschmacklich wird der Kuchen noch feiner, wenn man ihn 1–2 Tage macht, bevor er genossen wird.

sojafrei

Schokoladenudeln
mit glacierten Mandeln und Vanilleeis

Das etwas andere Dessert — Nudeln einmal süß interpretiert!

ZUTATEN FÜR 2 PORTIONEN

› 160 g Schokoladenudeln
› 1 Prise Salz
› 50 g Butter
› 1–2 EL Honig
› 4 EL Mandelplättchen
› 1 Prise Zimt
› 2 Rippen weiße Schokolade
› 2 Kugeln Vanilleeis

SO GELINGT'S

Die Schokoladenudeln in Salzwasser bissfest kochen. Die Butter schmelzen und den
Honig darin verflüssigen. Die Mandelplättchen und den Zimt zugeben und leicht anbräunen. Die gekochten Nudeln beimengen
und in der Butter-Honig-Mischung schwenken. Die Nudeln auf einem Teller anrichten.
Die weiße Schokolade darüberreiben und
mit je einer Kugel Vanilleeis garnieren.

sojafrei

Topfencreme mit Apfelkompott

Erfrischendes, cremiges Dessert, das mit Apfelkompott eine fein-fruchtige Note erhält!

SO GELINGT'S

Das Obers mit Sahnesteif schlagen. Den Topfen hinzugeben und gut durchrühren. Mit Zitronensaft, Honig/Melasse, Vanille und Rum abschmecken.

Die Äpfel schälen, entkernen, klein schneiden und mit etwas Wasser und dem Apfelsaft dünsten, bis sich die Flüssigkeit fast vollständig reduziert hat, mit Zimt und einer Prise Salz würzen. Anschließend das Apfelkompott abkühlen lassen.

Die Topfencreme mit dem Dressiersack in ein (Einmach-) Glas oder eine Schüssel füllen, mit einem Löffel das erkaltete Apfelkompott darüber verteilen und mit einem kleinen Stück Zimtrinde dekorieren.

ZUTATEN FÜR 12 PORTIONEN

Topfencreme:
› 2 Becher Obers
› 2 Bio-Sahnesteif
› 3 Becher Topfen
› Saft von einer Zitrone
› 3–4 EL Honig oder Melasse
› 1 Msp. Vanillepulver
› 2 EL Rum zum Aromatisieren

Apfelkompott:
› 8–9 Äpfel
› etwas Wasser
› 1 Prise Zimt
› 100 ml Apfelsaft
› 1 Prise Salz
› 1 Stk. Zimtrinde

In der Topfencreme würde ein Spritzer Eierlikör oder Edelbrand eine geniale Geschmackskomponente ergeben. Im Winter macht sich das noch lauwarme Apfelkompott sehr gut auf der Topfencreme – im Sommer genießt man beides gut gekühlt.

eifrei / glutenfrei / zuckerfrei / sojafrei

Hell-dunkler Kirschkuchen

Saftig, fruchtig und sehr lecker!
Geht einfach und schnell.

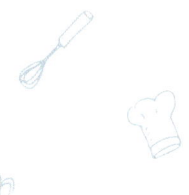

ZUTATEN FÜR 12 STÜCK

› 200 g Butter
› 6 Eier
› 180 g Roh-Zucker
› 200 g Roggen- und Dinkelmehl
  gemischt
› 700 g Kirschen
› ½ TL Backpulver
› 1 Msp. Vanille
› 1 Prise Salz
› 1 EL Kakaopulver

SO GELINGT'S

Die Eier teilen. Aus Eiklar, der Hälfte des Zuckers, Vanille, einer Prise Salz und Wasser einen cremig-steifen Schnee schlagen. Anschließend Butter schaumig rühren, den restlichen Zucker und die Dotter nach und nach zugeben und einen sehr schaumigen Abtrieb herstellen. Nun Schnee und das mit Backpulver versiebte Mehl unter den Abtrieb rühren. Die Hälfte der Masse mit Kakao vermengen und schichtweise in eine gefettete und gebröselte Kuchenform füllen. Zum Schluss die Kirschen hineingeben. Bei 180 °C ca. 45–55 Minuten backen.

Je länger du den Schnee bzw. den Abtrieb rührst, desto flaumiger wird der Kuchen.

sojafrei

Vollwert-„Apfel-Streusel" - Apple Crumble

Eine traditionelle britische Spezialität,
die in ihrer vollwertigen Version sehr mundet.

SO GELINGT'S

Die Äpfel schälen, entkernen und in Scheiben schneiden. In eine kleine Auflaufform
schichten. Etwas Wasser mit Zitronensaft
und -schale vermengen und die Äpfel damit
beträufeln. Mit ein paar Rosinen bestreuen.

Die Butter zerlassen und unter die Hafer-
flocken-Mehl-Mischung rühren. Mit Honig/
Zucker und den restlichen Zutaten (Sonnenblumenkerne, Vanillepulver, Salz, Zimt)
vermengen und auf die Äpfel schichten.
Im Backrohr bei 180 °C ca. 30–35 Minuten
goldgelb backen.

ZUTATEN FÜR 4 PORTIONEN

› 4–5 Äpfel
› etwas Wasser
› Saft und etwas Schale einer
  Zitrone
› 2–3 EL Rosinen

Streusel „Crumble":

› 100 g Haferflocken
› 100 g Dinkelvollkornmehl
› 90 g Honig oder Zucker
› 80 g Butter
› 3–4 EL Sonnenblumenkerne
› 1 Prise Vanillepulver
› 1 Msp. Zimt
› 1 Prise Salz

eifrei / sojafrei

Starke-Nerven-Kekse

Angelehnt an das Rezept der berühmten Nervenkeks der Hildegard von Bingen. Die Kekse wärmen von innen und machen gute Laune. Vorsicht: Suchtgefahr!

ZUTATEN FÜR 2 BLECH

› 250 g Dinkel- und Roggen-Vollkornmehl gemischt
› 130 g Butter
› 90 g Honig
› 3 EL Walnüsse gemahlen
› 1 Ei
› 3 g Muskatnuss gemahlen oder Macis gemahlen
› 6 g Zimt gemahlen
› 2 g Kardamom
› 2 g Galgant
› 1 Prise Salz

SO GELINGT'S

Die Butter in das Mehl schneiden, Honig, Nüsse, Ei und Gewürze hinzufügen und rasch zu einem Mürbteig verarbeiten. Den Teig ca. 30 Minuten im Kühlschrank rasten lassen und anschließend ausrollen.

Eine gewünschte Form ausstechen und umgedreht am Blech im vorgeheizten Backrohr bei 180 °C ca. 10–15 Minuten goldgelb backen.

zuckerfrei / sojafrei

Schokopudding à la Azukibohnen

Mein Lieblings-Vegan-Dessert. Tolle Zwischenmahlzeit.
Perfekt auch für Kinder. Gekühlt einfach ein Traum.

SO GELINGT'S

Die Azukibohnen samt den Aprikosen und den Rosinen über Nacht in Wasser einweichen und anschließend ca. 45 Minuten kochen. Die abgeseihten und überkühlten Bohnen mit Vanillepulver, Kakao, Honig, Hafer-Obers, Öl, Zimt, Kardamom und Salz vermischen und mit dem Pürierstab fein pürieren. Anschließend die Creme in Gläser aufteilen, mit etwas Kakao bestreuen, mit einem Schuss Hafer-Obers übergießen und im Kühlschrank ca. 2 Stunden kalt stellen.

ZUTATEN FÜR 2 PORTIONEN

› 100 g Azukibohnen roh
› 3–4 getrocknete Aprikosen ungeschwefelt
› 1–2 EL Rosinen
› 1 Prise Salz
› 1 kräftige Prise Vanillepulver
› 2–3 EL Kakaopulver
› 2–3 EL Honig
› 4–5 EL Hafer-Obers
› 3–4 EL Mandel- oder Hanf- oder Mohnöl
› 1 kräftige Prise Zimt
› 1 Prise Kardamom

eifrei / glutenfrei / zuckerfrei / laktosefrei / vegan / sojafrei

Selbst gemachter Frucht-Eis-Traum

Gesundes Eis für heiße Tage – geliebt von den (großen und kleinen) Kindern!

ZUTATEN FÜR 2 PORTIONEN

› 2 vollreife Bananen tiefgefroren
› 1 Handvoll Beeren (sortenrein oder gemischt: Heidelbeeren, Erdbeeren, Himbeeren ...)
› 1 EL Mandelmus
› 2–3 EL Obers
› 1 Prise Vanillepulver
› 1 Prise Salz
› wer's süßer mag: 1–2 EL Honig

SO GELINGT'S

Die Bananen portioniert einfrieren, wenn die Schale schon braun ist und sie wirklich vollreif sind. Dann herausnehmen, die noch gefrorenen Bananen und die frischen Beeren, das Mandelmus, die Gewürze und das Obers hinzufügen und mit dem Pürierstab pürieren. In Schüsseln füllen und sofort genießen. Wer es nicht so cremig mag, kann das portionierte Eis auch noch einmal für einige Zeit ca. 30–45 Minuten einfrieren.

Es muss nur ein Teil gefroren sein, das heißt, es funktioniert auch, wenn die Früchte (statt der Bananen) gefroren sind.

eifrei / glutenfrei / zuckerfrei / sojafrei

Kirsch-Rhabarber-Marmelade

Rhabarber ist ein sehr interessantes, säuerliches Gemüse, das in Kombination mit einer süßen Frucht wie Kirsche sehr schmackhaft wird.

SO GELINGT'S

Die Kirschen und den Rhabarber pürieren, in einer Schüssel etwas davon zur Seite geben, den Rest vorsichtig zum Köcheln bringen. Mit dem Zucker vermengen und unter Rühren aufkochen. Mit den restlichen Zutaten (Salz, Zitronensaft) mischen und weiterrühren. Die Flohsamenschalen mit dem zur Seite gestellten Frucht-Püree vermengen und unter die köchelnde Marmelade mischen.

Anschließend ca. 8 Minuten weiterrühren und die Marmelade in die ausgewaschenen, im Backrohr erhitzten Gläser füllen. Mit den ausgekochten Deckeln verschließen und einige Minuten umgedreht stehen lassen.

Wichtig: Die Marmelade **muss** nach dem Öffnen rasch verbraucht und im Kühlschrank gelagert werden! Sie ist ein Naturprodukt!

ZUTATEN FÜR 4–5 GLÄSER zu je 250 ml

› 800 g Kirschen entkernt
› 200 g Rhabarber geschält
› 300 g Roh-Zucker
› 1 gehäufter EL Flohsamenschalen
› 1 Prise Salz
› 1 Schuss Zitronensaft

eifrei / glutenfrei / laktosefrei / vegan / sojafrei

Erdbeer-Marillen-Marmelade

Perfekte Mischung aus fruchtig, süß und säuerlich — super gut!

ZUTATEN FÜR 4–5 GLÄSER
zu je 250 ml

- › 600 g Erdbeeren entstielt
- › 400 g Marillen entkernt
- › 300 g Roh-Zucker
- › 1 gehäufter EL Flohsamenschalen
- › 1 Prise Salz
- › 1 Schuss Orangensaft
- › 1 Prise Pfeffer
- › ev. etwas Obers

Die Erdbeer-Marillen-Marmelade kann auch aus den einzeln hergestellten Marmeladen gemacht werden – einfach abwechselnd und langsam in die Gläser füllen und das Glas nicht umdrehen!

SO GELINGT'S

Die Erdbeeren und die Marillen pürieren, in einer Schüssel etwas davon zur Seite geben und das restliche Frucht-Püree vorsichtig zum Köcheln bringen. Mit dem Zucker vermengen und unter Rühren aufkochen. Mit den restlichen Zutaten (Salz, Orangensaft) mischen und ein paar Mal umrühren. Die Flohsamenschalen mit dem kleinen Teil Frucht-Püree vermengen und unter die köchelnde Marmelade geben.

Anschließend ca. 8 Minuten weiterrühren und in die ausgewaschenen, im Backrohr erhitzten Gläser füllen. Mit den ausgekochten Deckeln verschließen und einige Minuten umgedreht stehen lassen.

Wichtig: Die Marmelade **muss** nach dem Öffnen rasch verbraucht und im Kühlschrank gelagert werden! Sie ist ein Naturprodukt!

eifrei / glutenfrei / laktosefrei / vegan / sojafrei

Stachelbeermarmelade

Mal was anderes, fruchtig und süß-säuerlich!

SO GELINGT'S

Die Stachelbeeren pürieren, in einer Schüssel etwas davon zur Seite geben. Die Hauptmasse vorsichtig zum Köcheln bringen. Mit dem Zucker vermengen und unter Rühren aufkochen. Mit den restlichen Zutaten (Salz, Zitronensaft) vermischen und ein paar Mal weiterrühren. Die Flohsamenschalen mit dem zur Seite gestellten Frucht-Püree vermengen und unter die köchelnde Marmelade rühren.

Ca. 8 Minuten weiterrühren und in die ausgewaschenen, im Backrohr erhitzten Gläser füllen. Mit den ausgekochten Deckeln verschließen und einige Minuten umgedreht stehen lassen.

Wichtig: Die Marmelade **muss** nach dem Öffnen rasch verbraucht und im Kühlschrank gelagert werden! Sie ist ein Naturprodukt!

eifrei / glutenfrei / laktosefrei / vegan / sojafrei

ZUTATEN FÜR 4–5 GLÄSER
zu je 250 ml

› 1 kg Stachelbeeren
  Blütenansatz bereits entfernt
› 300 g Roh-Zucker
› 1 gehäufter EL Flohsamenschalen
› 1 Prise Salz
› 1 Schuss Zitronensaft
› 1 Msp. Kurkuma
› 1 kräftige Prise Majoran

Kleines Küchen-ABC

Jeder Koch hat seine eigenen Techniken, Tipps und Lieblinge wie Küchenutensilien, Gewürze oder bevorzugte Speisen.

Hier findest du einige meiner Lieblingsgewürze und -speisen ein bisschen näher erläutert. Wie du im vorherigen Teil gelesen hast, lege ich sehr viel Wert auf Regionalität und Nachhaltigkeit. Einige der von mir verwendeten Produkte stammen jedoch von weiter weg. Dies liegt an ihrem gesundheitlichen Wert und dem Wohlfühl- oder Lieblingsspeisen-Charakter. Bewusster Kauf und achtsamer Genuss sind hier meine Devise.

ABTRIEB
Dies nennt man beim Kuchenmachen, wenn aus Butter, Zucker und Dotter eine schaumige Masse geschlagen wird. Wichtig ist es, die einzelnen Bestandteile erst nach und nach hinzuzufügen.

AZUKIBOHNEN
Sie zählen zu den Hülsenfrüchten und sind sehr eiweiß- und ballaststoffreich. Weiters enthalten sie zahlreiche Mineralstoffe und Spurenelemente. Vor dem Kochen sollten sie einige Stunden eingeweicht werden. Aufgrund ihres süßlichen Geschmacks eignen sie sich gut für Eintöpfe und Süßspeisen.

BRAUNHIRSE
Sie zählt zu den glutenfreien Getreiden und ist wie die Goldhirse ein Rispengewächs. Sie hat jedoch, aufgrund des fehlenden Glutens, nur wenig bindende (Gluten = Kleber-Eiweiß) Eigenschaften, was sich beim Backen bemerkbar macht. Braunhirse muss vor dem Verzehr gemahlen werden, da die Schale sehr hart ist. Grundsätzlich ist Braunhirse sehr gesund, da sie u. a. viel Kieselsäure, Eisen, Magnesium und Zink enthält. So wird sie gerne für gesunde Haut und kräftige Haare sowie Nägel eingesetzt. Kann gut in Kuchen zum üblichen Mehl hinzugefügt werden. Weiters eignet sich Braunhirse für Breie und kann in etwas Joghurt eingerührt oder mit Wasser getrunken werden. Mittlerweile gibt es die Braunhirse auch schon in Tropfen-Form, wobei sie in Demeter-Alkohol ausgezogen wurde. Sie schmecken nicht nur gut, sondern sind zusätzlich auch sehr effizient als Ergänzung zur Braunhirse im Essen.

BOCKSHORNKLEE
Dies ist ein Kraut, das zur Familie der Schmetterlingsblütler zählt. Die reifen, getrockneten Samen werden gemahlen oder ganz als Gewürz verwendet. Er wird gerne

zu Currymischungen gegeben. Grundsätzlich unterstützt Bockshornklee die Verdauung und enthält Bitterstoffe, Schleimstoffe, Calcium, Magnesium und Eisen. Die enthaltenen ätherischen Öle wirken entzündungshemmend.

BUCHWEIZEN

Er gehört zu den glutenfreien Getreidesorten und ist ein dreieckiges Korn. Es eignet sich nicht sehr gut zum Backen, da es kaum Kleber-Eigenschaften hat. Dennoch kann man mit Buchweizen sehr gute Laibchen oder anderes Gebäck (z. B. in Kombination mit Dinkel) machen. Glutenfreie Brote sind meistens aus Buchweizen. Er bekommt ein sehr angenehmes, leicht süßliches Aroma, wenn man das Brot toastet.

CAYENNEPFEFFER

Dies ist ein Gewürz, das aus fein gemahlenen Chilis besteht. Es ist sehr scharf und fördert die Hitze in Speisen. Es kann statt normalem Pfeffer verwendet werden – je nach Vorliebe, jedoch eher sparsam! Es enthält den sekundären Pflanzenwirkstoff Capsaicin.

COUSCOUS

Dies ist ein Hartweizengrieß, der in Teilen Afrikas noch heute als eines der Hauptnahrungsmittel zählt. Hierbei wird das Getreidekorn grob gemahlen, gedämpft und anschließend getrocknet. So wird die Stärke gequollen und das Korn kann in 15 Minuten gegart werden. Couscous ist ein vielseitiges Getreide (glutenhaltig!), das für Aufläufe, Salate und als Beilage zu Gemüsesaucen verwendet werden kann. Es enthält Eiweiß, Eisen, Vitamin E und B.

DINKEL

Dies ist eine alte Weizenart. Dinkel kann üblicherweise nicht mit Düngemitteln zu höherem Ertrag gebracht werden. Vielleicht ist er deshalb im Naturkostbereich weiter verbreitet. Dinkel erfreut sich in den letzten Jahren immer größerer Beliebtheit. Er hat einen würzigen, nussigen Geschmack und kann als glutenhaltiges Getreide in der Küche statt oder gemeinsam mit Weizen verwendet werden. Dinkel ist reich an B-Vitaminen, Magnesium, Eisen, Zink und Mangan.

EINKORN

Einkorn ist eine Urform des Weizens. Es hat ganz kleine Körner mit kaum Außenschalen und einen leicht süßlichen Geschmack. Es passt sehr gut zu Kuchen und Co. (bis zu ⅓ des anderen Getreides durch Einkorn ersetzen). Einkorn zählt zu den glutenhaltigen Getreidesorten.

ERDMANDELN

Sie werden auch Chufas genannt und sind die Wurzelknollen vom Erdmandelgras. Erdmandeln werden gerne für Nussallergiker eingesetzt. Sie haben ein süßliches, nussiges Aroma. Sie sollten kühl gelagert werden, da sie sonst schnell ranzig werden. Erdmandeln enthalten Ballaststoffe und hochwertige Fettsäuren, gutes Eiweiß, Mineralstoffe, sekundäre Pflanzenstoffe und Vitamine. Sie können, da sie glutenfrei sind, vielseitig verwendet werden. In Müsli, Smoothie, Kuchen oder pur.

FLOHSAMENSCHALEN

Flohsamen zählen zu den Wegericharten. Aufgrund des hohen Ballaststoffgehalts und der schleimbildenden Eigenschaften sind Flohsamenschalen ein grandioses Darmmittel. Sie binden Stoffe im Darm, bilden Schleim, regen die (regelmäßige) Verdauung an. Am besten morgens 1 TL mit Wasser trinken. Weiters kann man die Flohsamenschalen perfekt zum Gelieren von Marmelade verwenden (1 geh. TL für 1 kg Früchte) und zum natürlichen Binden von Joghurt- und Fruchtcremes. Wichtig ist, dass Flohsamenschalen immer mit viel Wasser eingenommen werden – um nicht ein gegenteiliges Ergebnis (Verstopfung) auszulösen. Neue Studien haben ergeben, dass Flohsamenschalen sich günstig auf Übergewicht und Herz- und Gefäßgesundheit auswirken.

GALGANT

Galgant ist ein leicht scharfes Gewürz, das ich gerne als Pfefferersatz verwende. In der Hildegard-Medizin ist Galgant ein ganz wichtiger Bestandteil. Als Verwandter des Ingwer, mit einer leicht scharf-bitteren Note, wirkt er positiv auf die Verdauung und die Herzgesundheit, auf entzündliche und Viruserkrankungen. Galgant wärmt von innen heraus und wirkt entzündungshemmend.

GERSTENGRAS

Dabei wird die Gerste geerntet und geschnitten, wenn das Gras etwa 15–20 cm hoch ist. Die Ähre muss schon ausgebildet sein. Danach wird es schonend getrocknet und zu Pulver vermahlen. Gerstengras ist Nahrungs- und Heilmittel in einem. Es enthält zahlreiche Vitamine und Mineralstoffe (Eisen, Calcium, Vitamin B und C, Zink), Chlorophyll (Blattgrün), Enzyme und vieles mehr. Gerstengras ist ein perfektes Mittel für die Darmgesundheit und für den Säure-Basen-Haushalt. Grundsätzlich kann das Gerstengraspulver in Smoothies, Aufstrichen, Brot und Wasser eingenommen werden.

GRAPEFRUIT

Sie ist die Frucht des Grapefruitbaumes und zählt zu den Zitrusfrüchten. Vermutlich ist sie die Kreuzung zwischen Pampelmuse und Orange. Das Fruchtfleisch ist dunkelorange bis gelblich. Grapefruits sind sehr saftig und haben einen süßlich, fruchtig-bitteren Geschmack. Grapefruits passen gut ins Salatdressing oder in Smoothies.

GRÜNKERN

Dies ist ein unreif geernteter und geräucherter Dinkel. Perfekt für Aufläufe und Laibchen, da er einen etwas intensiveren Geschmack hat.

HAFER-/SOJAOBERS

Dies ist ein veganer Ersatz für Obers und kann zum Verfeinern von Desserts und zum Binden von Saucen verwendet werden. Es enthält viel weniger Fett als übliches Obers (13–18 %). Persönliches Empfinden: Mit veganem Obers-Ersatz bleibt Übelkeit nach üppigen Speisen und Saucen aus!

HAFERDRINK/-MILCH

Es gibt zahlreiche verschiedene Drinks als Kuhmilch-Ersatz. Zum Beispiel von Hafer, Mandel, Soja, Reis und Co. Grundsätzlich sollte zur ungesüßten Variante gegriffen werden. Sie sind als gut einzustufen, wenn man aus bewussten Entscheidungen auf Milch oder Milchzucker verzichten möchte/muss. Getreidedrinks können die übliche Kuhmilch bei nahezu allen Speisen ersetzen.

HANFÖL

Hanföl hat eine günstige Zusammensetzung der verschiedenen Fettsäuren, zählt zu den wertvollsten Speiseölen und wirkt sich gut auf Cholesterin und das Herz-Kreislaufsystem aus.

Geschmacklich ist es leicht nussig und vielseitig verwendbar. Es sollte eher nicht erhitzt werden.

HIRSEFLOCKEN

Hirse zählt zu den glutenfreien Getreiden und eignet sich, da sie sehr gesund und reich an Magnesium, Eisen, Kupfer, Mangan und Kieselsäure ist, u.a. auch gut für die Kinderkost. Hirseflocken sind eine Möglichkeit, wie man Hirse, z. B. als Brei, Palatschinken, Laibchen etc., sehr schnell und unkompliziert zubereiten kann.

INGWER

Zitronig-scharf ist das Ingweraroma. Er eignet sich sehr gut, um viel Wärme in eine Speise zu bringen. Er wirkt unter anderem antibakteriell, durchblutungsfördernd und antioxidativ. Ingwer kann frisch in Stücken mitgekocht oder getrocknet als Pulver einer Speise beigemengt werden. Auch als Tee (ca. 10–20 Minuten gekocht) ist er eine Wohltat im Winter oder mit frisch gepresstem Zitronensaft als Unterstützung bei Erkältungen.

KAMUT

Als Kamut oder Khorasan wird eine ursprüngliche Weizenart angeboten. Mittlerweile gibt es davon wieder verschiedenste Produkte wie Nudeln und Brot. Des Öfteren wird Kamut besser vertragen als handelsüblicher Weizen. Er enthält viel Eiweiß, ungesättigte Fettsäuren, Vitamine und Mineralstoffe.

Khorasan-Weizen, der Kamut genannt wird, muss nach gewissen Richtlinien erzeugt werden (nur biologisch angebaut, gentechnikfrei, ungekreuzt etc.), weil er eine seit 1990 mit US-Patent geschützte Marke ist.

KARDAMOM

Die grünen Kapseln der schilfartigen Staude zählen zu den Ingwergewächsen und wirken krampflösend und positiv auf die Magenschleimhaut. Als verdauungsförderndes Gewürz wird er auch gemeinsam mit Zimt und Honig gerne in den Kaffee gegeben.

KICHERERBSEN /-MEHL

Kichererbsen zählen zu den Schmetterlingsblütlern und sind hellgelbe, erbsengroße Samen. Durch den nussig-mehligen, leicht erbsigen Geschmack können sie vielseitig als Gemüsebeilage, für Aufstriche, Laibchen oder Eintöpfe verwendet werden. Kichererbsen müssen eingeweicht und anschließend gekocht oder können zu Mehl vermahlen verwendet werden. Da sie zu den Hülsenfrüchten zählen, enthalten sie viel hochwertiges Eiweiß und Ballaststoffe sowie Magnesium, Eisen, Zink und zahlreiche Vitamine.

KRÄUTERSEITLINGE

Dies sind Speisepilze, die 1–10 cm groß sein können. Sie sind bissfest und würzig, behalten ihre Form und verlieren nur sehr

wenig Flüssigkeit bei der Zubereitung. Man kann auch den Stiel verwenden. Das macht sie zu leckeren und vielseitigen Pilzen für Suppen, Saucen oder auch paniert. Pilze sind aufgrund der zahlreichen hochwertigen Inhaltsstoffe sehr gesunde Lebensmittel.

KREUZKÜMMEL

Kreuzkümmel, auch Cumin oder Mutterkümmel genannt. Er wird viel in der ayurvedisch-indischen Küche verwendet, ist ein sehr gesundes, verdauungsförderndes Gewürz mit intensivem Aroma. Passt gut zu Gerichten mit Reis, Linsen oder Hülsenfrüchten. Im Optimalfall lässt man den Kreuzkümmel in der Pfanne trocken kurz etwas anrösten, sodass sich das volle Aroma entfalten kann.

KÜRBISKERNÖL

Das aus den gerösteten Kürbiskernen gepresstes Öl ist sehr g'schmackig und vielseitig. Es wird vor allem zum Verfeinern von Speisen wie Suppen, Aufstrichen und Salaten verwendet. Durch den hohen Anteil an ungesättigten Fettsäuren und Vitamin E ist das Kürbiskernöl ein sehr wertvoller Begleiter in der gesunden Küche.

KURKUMA

Kurkuma, auch Gelbwurz genannt, wird aus der Sprossachse (Rhizom) der Kurkumapflanze vermahlen. Kurkuma findet vielfach Anwendung in der indisch-asiatischen Küche. Unter anderem ist es einer der Hauptbestandteile von Curry-Mischungen. Kurkuma enthält zahlreiche sehr wertvolle Inhaltsstoffe, unter anderem auch viele Bitterstoffe, die für den Verdauungsvorgang und zur Immunstärkung von großem Vorteil sind. Es besitzt eine starke antioxidative Wirkung.

KUVERTÜRE

Kuvertüre gibt es aus Vollmilch-, Zartbitter- und weißer Schokolade. Es ist eine Überzugsmasse aus Schokolade für Kuchen und Mehlspeisen. Die Kuvertüre lässt sich leicht schmelzen und hat einen etwas höheren Fettgehalt als die übliche Schokolade.

LEINSAMEN

Dies sind Samen des Flachses. Sie enthalten viel hochwertige ungesättigte Fettsäuren, Eiweiß und Schleimstoffe. Leinsamen dienen als gutes Darmmittel und haben zahlreiche Einsatzmöglichkeiten in der Küche, z. B. als Zutat in Brot oder auf Backwaren.

LEINÖL

Dies ist ein sehr begehrtes und hochwertiges Öl aus den Leinsamen. Es enthält einen besonders hohen Anteil an Omega-3-Fettsäuren (ca. 57 %). Leinöl ist sehr empfindlich, es kann schnell ranzig werden und sollte daher immer im Kühlschrank gelagert werden. Es hat einen nussigen und frischen Geschmack. Sobald das Öl gekippt ist, also ranzig, schmeckt es bitter und kratzig. Leinöl wird ausschließlich in der kalten Küche für Salate, Kartoffelgerichte, Aufstriche und Saucen verwendet.

MACIS / MUSKATBLÜTE

Macis ist der rote Samenmantel der Muskatnuss, auch Muskatblüte genannt. Macis schmeckt wie die Muskatnuss, nur viel feiner im Aroma. Generell ist Muskatnuss ein sehr hochwertiges und intensives Gewürz, das in gewissen Speisen einfach nicht fehlen darf! Muskat wirkt appetitanregend und verdauungsfördernd. Zu viel (ab ca. 3 ganzen Muskatnüssen) wirkt jedoch giftig.

MANDELDRINK /-MILCH

Alternative Milchsorten sind momentan sehr im Trend. Mandelmilch ist sehr beliebt, da sie glutenfrei ist, gut schmeckt und meist sehr gut vertragen wird. Ihr leicht nussiges, jedoch nicht marzipanartiges Aroma macht sie zu einer leckeren Milchalternative für alle, die bewusst auf Milchprodukte verzichten möchten. Wichtig: Auf Bio-Qualität achten!

MANDELMUS

Das Mandelmus gibt es weiß oder aus Mandeln, die mit der Schale vermahlen wurden. Grundsätzlich hat es ein feines Mandelaroma, ist ein ziemlicher Energiespender, enthält viel Mineralstoffe wie Magnesium, Calcium, Eisen und Vitamin E und eignet sich prima gegen Sodbrennen, zum Beispiel in der Schwangerschaft. Ich liebe Mandelmus einfach am Löffel, in Breien oder Süßspeisen. Es ist zwar energiereich, jedoch aufgrund der fein vermahlenen, cremigen Konsistenz üblicherweise leicht verdaulich. Auch lecker: Nussmus aus anderen Nüssen.

MELASSE

Entsteht bei der Herstellung von Rüben- oder Rohrzucker und enthält alle wertvollen Bestandteile, Vitamine und Mineralstoffe, die beispielsweise das Zuckerrohr natürlicherweise hat. Roh-Zucker wird nach der Herstellung mit Melasse besprüht, was den Zucker definitiv wieder aufwertet. Ein weiterer Beweis, wie wertvoll Melasse ist, ist die Herstellung der effektiven Mikroorganismen. Diese werden mithilfe von Melasse gezüchtet. Melasse kann man verwenden, löffelweise als Näscherei oder in Salatdressings, Backwaren und Co. als süßende und/oder geschmacksgebende Zutat. Sie schmeckt leicht nach Caramell und etwas malzig.

PASTINAKE

Pastinaken gelten als eine Kreuzung aus Petersilienwurzel und Karotte. Es ist eine weiße Wurzel mit süßlichem Geschmack. Sie ist ein perfektes Wurzelgemüse für die Herbst- und Winterzeit für Suppen, Saucen oder als Beilagen-Gemüse. Weiters ist sie wärmend für den Bauch. Perfekt eignet sich Pastinake auch zum Beginnen mit dem Babybrei. Pastinake enthält zahlreiche hochwertige Inhaltsstoffe wie Kalium, Magnesium, Zink, Mangan und Folsäure. Erwähnenswert ist auch ihr Ballaststoffgehalt.

PASSATA

Dies ist eine passierte Tomatensauce. Sehr fein, aromatisch im Geschmack. Praktisch in der Anwendung, da die Tomaten keine Haut mehr haben. Bitte darauf achten, dass die Passata keine Zusatzstoffe oder Würzmittel enthält!

POLENTA

Polenta, auch Maisgrieß genannt ist, wie der Name schon sagt, zu Grieß grob vermahlener Mais. Dies ist ein vielseitiges Lebensmittel, das zu verschiedensten Speisen als Beilage (gebratene Polentarollen) oder zu Brei und Co. verarbeitet werden kann. Die schöne gelbe Farbe ist ein zusätzlicher Akzent der Speisen.

REISDRINK /-MILCH

Reisdrink wird üblicherweise aus Wasser, Reis, etwas Öl und Salz hergestellt und bietet sich als günstige Alternative zu Kuhmilch an, da die Kocheigenschaften denen der Kuhmilch entsprechen und er leicht nach Reis schmeckt, jedoch eher neutral ist. Wer die Reismilch im guten

Bio-Laden kauft, hat üblicherweise ein hochwertiges Produkt ohne unnötige Zusatzstoffe erworben.

ROH-ROHRZUCKER / ROH-RÜBENZUCKER

Roh-Zucker von der Rübe und vom Zuckerrohr ist eine aufgewertete Variante des Zuckers. Grundsätzlich entsteht bei der Zuckerherstellung Melasse (eine braune, dickflüssige, caramellige Substanz), welche im Anschluss wieder über den Zucker gesprüht wird. Die Melasse enthält, im Gegensatz zum Zucker, zahlreiche hochwertige Inhaltsstoffe, die den Zucker wieder etwas aufwerten. Grundsätzlich sollten wir Zucker reduzieren oder vermeiden. Roh-Zucker ist jedoch eine bessere Alternative zum raffinierten Zucker.

ROMANESCO

Er zählt zu den Karfiolarten und ist ein wunderschönes, geschmackiges Gemüse. Er kann vorsichtig gegart für Aufläufe, Gemüse-Beilagen und vieles mehr verwendet werden. Romanesco enthält viel Vitamin C.

RUCOLA

Rucola zählt zur Familie der Kreuzblütler. Die Blätter sind ähnlich dem Löwenzahn gezackt, jedoch viel kleiner. Sie haben einen scharfen, senfartigen Geschmack und werden gerne in Salaten, Dips und Smoothies verwendet. Rucola enthält viel Kalium, Calcium, Zink und Beta-Carotin.

SHOYU = SOJASAUCE

Ist eine Würzsauce aus fermentierter Sojabohne und eignet sich gut zum Abschmecken und Würzen von Speisen. Man erhält ein intensiveres, salzigeres Aroma. Bitte unbedingt auf gute Bio-Qualität ohne Geschmacksverstärker achten.

Vorsicht: Shoyu enthält Weizen. Darfs ein bisschen intensiver sein? Dann ist Tamari das Richtige – das ist eine intensivere Sojasauce ohne Weizenanteil.

SESAMÖL

Die optimale Zusammensetzung von einfach und zweifach ungesättigten Fettsäuren macht das Sesamöl zu einem tollen Speiseöl. Der hohe Ölsäuregehalt erhöht die Lagerfähigkeit. Weiters ist es auch für die warme Küche gut geeignet. Zum Braten und Backen und für Saucen. Es wird weiters sehr gerne in der asiatischen Küche angewendet.

SOJAGRANULAT

Dies sind getoastete und geschrotete Sojabohnen, die mit etwas heißem Wasser oder Gemüsebrühe gequollen zu Bratlingen, Saucen und Sugos verarbeitet werden können.

SONNENBLUMENÖL

Sonnenblumenöl hat einen hohen Anteil an ungesättigten Fettsäuren und einen hohen Vitamin-E-Gehalt. Dadurch wirkt es als natürliches Antioxidans. Das Sonnenblumenöl wird gerne zum Ölziehen verwendet. So kann es seine entgiftende Wirkung entfalten. Das Sonnenblumenöl bietet sich an zu gegartem Gemüse, Salaten und vielem mehr.

SUPPENWÜRZE bzw. GEMÜSEBRÜHE

Sollte unbedingt in Bio-Qualität sein und keine Konservierungsstoffe oder Geschmacksverstärker (auch Hefeextrakt!) enthalten. Sie kann auch ganz leicht selbst gemacht werden. Suppengemüse (Karotten, Sellerie, Pastinake, Liebstöckel) fein reiben, verrührt mit Salz in ein Glas füllen und im Kühlschrank kühl lagern.

TOFU

Sojatopfen wird aus geronnener Sojamilch hergestellt. Er ist nahezu geschmacksneutral und sollte vor dem Verzehr gut gewürzt und mit viel Öl gereicht werden. Grundsätzlich kann Tofu vielseitig eingesetzt werden, zu verschiedensten Gerichten, Aufstrichen, als Beilage oder Dessert. Zu beachten ist der Phytoöstrogengehalt wie bei allen Sojaprodukten. Es sollte auf gute Bio-Qualität und möglichst regionalen Bezug der Sojabohnen geachtet werden!

UME SU, UME BOSHI

Ume Su ist eine salzig-saure, rosafarbene Flüssigkeit, die als Salz- oder Essigersatz verwendbar ist. Ume su ist in der japanischen Küche beheimatet und ein sehr hochwertiges Produkt. Es wird hergestellt aus grünen Marillen, die in Eichenfässern mit Salz drei Jahre lang eingelegt werden. Daraus entstehen dann die Ume-boshi-Pflaumen und aus ihnen das Ume su. Das Ume su ist auch prima zum Vorfermentieren von Zwiebeln oder Knoblauch. Das heißt, wenn du Zwiebeln oder Knoblauch roh verwenden möchtest, jedoch ohne die lästigen oder unangenehmen Nebenwirkungen wie Blähungen und Mundgeruch, dann ist Ume su das Richtige für dich. Schneide Zwiebeln oder Knoblauch und träufle etwas Ume su darüber. Lass es einige Minuten stehen und gib es zu deiner Speise.

Des Weiteren liebe ich Ume su im Salatdressing anstatt von Essig. Es macht den Salat um ein Vielfaches besser verträglich und übersäuert im Vergleich zu (industriell gefertigtem) Essig den Körper nicht unnötig. Weiters enthält Ume su zahlreiche Enzyme, die dem Körper das Verstoffwechseln von Nahrung erleichtern.

VANILLE

Das Aroma der Vanilleschote passt sehr gut in viele Süßspeisen und Breie. Es ist leicht süßlich und macht ein angenehmes Bauchgefühl. Vanille wird auch gerne bei nervösen Anspannungen eingesetzt. Am liebsten verwende ich das Vanillepulver, da hier ausschließlich der Inhalt der Schote verwendet wird – pures Aroma, ohne Ausschaben und ohne unnötigen

Zuckerzusatz wie beim Vanillezucker. Weiters kann man mit dem Vanillepulver ganz leicht selbst Vanillezucker herstellen.

ZIMT

Der Süßspeisen-Klassiker, der in keinem Apfelstrudel fehlen darf. Eines der ältesten, gehandelten Gewürze überhaupt. Wichtig ist es, auf die Qualität zu achten. Nur der Ceylon-Zimt ist der richtige Zimt. Cassia-Zimt ist eine Nachahmung und wird oft nicht so gut vertragen. Zimt ist durchblutungsfördernd und gut gegen Entzündungen.

Danksagung

Danken macht mir bewusst, wie reich ich bin.

Deshalb möchte ich dem Danken seinen Raum geben.

Es gibt zahlreiche Menschen, denen ich danke sagen möchte, dafür dass sie mich in verschiedensten Epochen meines Lebens unterstützt haben.

Danke an meine Eltern, dass ihr mir Wurzeln gegeben habt und es mir ermöglicht habt, meine Flügel auszubreiten.

Danke an meinen Mann Michael, dass du mich an meine Wurzeln immer wieder erinnerst und mir eröffnet hast, wie weit ich meine Flügel ausbreiten kann. Dafür liebe ich dich. Weil für dich alles möglich ist.

Danke an meine beiden Kinder Emma und Leo. Ihr habt mein Leben und meine Sichtweise auf das Leben so geprägt wie sonst kaum etwas oder jemand anderer. Ich bin dankbar, dass ich eure Mama sein und euch begleiten darf, bis ihr eure Flügel ausbreitet und auch noch danach.

Danke an alle anderen mir wichtigen Menschen. Weil ihr immer da seid und es euch gibt!

DANKE!

Über die Autorin

Baujahr 1989, wuchs sie als jüngstes von vier Kindern auf einem kleinen Bauernhof im Eferdinger Becken auf. Schon im Kindergartenalter hat sie ihre ersten Erfahrungen in der Küche mit ‚Eierspeis‘ von den Eiern der eigenen Hühner gemacht. Die Leidenschaft für das Kochen hat sie wahrscheinlich von der Mutter geerbt. Sowohl in der Freizeit als auch während der Schule und Fachhochschule hat sie ihr Wissen und Können im Bereich gesunde Ernährung und Kochen verfeinert. Mittlerweile lebt sie ihre Leidenschaft, gemeinsam mit ihrem Mann und ihren beiden Kindern im eigenen bio-regionalen ‚Emmas Laden‘ in Neumarkt im Hausruck mit der Kaffeerösterei ‚Emmas Kaffee‘ und energetischer Arbeit – als Nahversorger für Körper, Geist und Seele.

Noch nie habe ich es geschafft, ein mir vorliegendes Rezept genauso nachzukochen, wie es angegeben war. Und wenn es nur ein Funke war – irgendwas habe ich immer anders gemacht. Man könnte es eine generelle Weigerung gegen Regeln nennen oder einfach einen natürlichen Entdeckergeist.

Kochen, Gesundheit und Ernährung waren und sind schon immer meine Leidenschaft. Zum Glück oder leider – zeigt mir mein Körper immer sehr schnell an, wenn ihm etwas nicht guttut, sei es eine bestimmte Bewegung oder eine bestimmte Nahrung. So kann ich immer relativ schnell reagieren. Dadurch ist mir aufgefallen, dass es oft auf das besondere Etwas bei der Zubereitung ankommt.

Viele haben mir schon gesagt, wie gut es ihnen bei mir schmeckt – obwohl ich ja eigentlich nichts Besonderes mache. Zumindest auf den ersten Blick.

Denn nach und nach habe ich bemerkt, dass ich das Kochen mit viel Begeisterung, Liebe und einer besonderen Achtsamkeit durchführe. Das schmeckt man.

Aus diesem Grund hoffe ich, dass ich auch in dir diese Begeisterung wecken konnte! Ich wünsche dir viel Freude beim Schmökern, Nachkochen und Genießen, ganz im Sinne von **Essen. Lieben. Sinnen.**

Deine Martina

Daniela Weißbacher

Verwurzelt und beflügelt
Mit Kindern durch die wilde Natur

Dieses Buch handelt von Kräuter- und Hausmittelanwendungen für die ganze Familie, von Gesundheit, Wohlbefinden und der Entfesselung der Selbstheilungskräfte, von Märchen und Geschichten, von Basteleien, vom Mitmachen und Selbstgemachtem, von Süßem und Saurem, Gekochtem, Getrocknetem und Gebackenem, von Spielen, Reimen, von Experimenten, Vergessenem, Überliefertem und Neuem, von Selbsthilfe, Selbstvertrauen und Eigenverantwortung, von Flausen im Kopf und Gedankengängen, von tiefen Wurzeln und unzähmbaren Flügeln.

ISBN 978-3-99025-299-4

Michael Pauzenberger

Bohnengold
Kaffee rösten, mahlen, zubereiten

NEU
inklusive
Freya Bücher–App
für Smartphone
und Tablet!

Alles was man über Kaffee und Kaffeerösten wissen sollte:
Rohkaffee – Wie und wo man ihn bekommt.
Rösten – Was man selbst machen kann oder beachten soll.
Zubereitungsarten – Wodurch Kaffee am besten schmeckt.
Aktuelle Forschung – Über 800 wunderbare Aromastoffe und hohe antioxidative Aktivität.

Neuer und bester Kaffeegenuss Ihres Lebens!

ISBN 978-3-99025-308-3

READ
GLOBAL
BUY
LOCAL

Erhältlich im gut sortierten Buchhandel.

www.freya.at   www.freya-verlag.de